TAROT

Das Einsteigerset

TAROT

Das Einsteigerset

Juliet Sharman-Burke

Mit Karten von Giovanni Caselli

Aus dem Englischen
von Andrea Panster

KAILASH

KAILASH

Die Originalausgabe erschien unter dem Titel
Beginner's Guide to Tarot.

Für Susie, die mir meine ersten Tarotkarten schenkte,
in Liebe und Dankbarkeit.

Die Deutsche Bibliothek – CIP-Einheitsaufnahme
Sharman-Burke, Juliet:
Tarot – das Einsteigerset / Juliet Sharman-Burke.
Aus dem Englischen von Andrea Panster. - Kreuzlingen ;
München : Hugendubel, 2002 (Kailash)
ISBN 3-7205-2190-7

Kartenillustrationen: Giovanni Caselli
Umschlaggestaltung: Zembsch' Werkstatt, München
Produktion: Eddison Sadd Editions Ltd., London
Satz: EDV-Fotosatz Huber/Verlagsservice G. Pfeifer, Germering
Druck und Bindung: L Rex, China

ISBN 3-7205-2190-7

INHALT

Einleitung

❖◦◦◦❖

Dieses Buch und die neuen Sharman-Caselli Karten sollen Tarot-Anfängern den Einstieg in die Kunst der Tarotdeutung erleichtern. Die Karten sind teilweise von dem berühmten und beliebten Kartendeck des Okkultisten Arthur Edward Waite inspiriert, das im Jahre 1900 nach Waites Anweisungen von der Künstlerin Pamela Colman Smith illustriert wurde. Waites Karten unterschieden sich deutlich von früheren Kartendecks. (Die ersten Tarotkarten entstanden vermutlich Mitte des 15. Jahrhunderts.) Er versah als Erster auch die Kleinen Arkana, die zuvor lediglich durchnummeriert waren, mit Bildmotiven. Einige Sharman-Caselli Illustrationen greifen die Motive sehr früher Tarotkarten, zum Beispiel die von Visconti-Sforza, auf. Andere sind an die »moderneren« Karten von Waite angelehnt. Der Tarot ist ein archetypisches System. Daher sprechen die Bilder alle Menschen an und können von ihnen verstanden werden.

Ein Tarotspiel besteht aus 78 Karten, von denen 22 Karten die Großen Arkana und 56 Karten die Kleinen Arkana bilden. Das Buch erläutert zunächst alle Karten der Kleinen Arkana. Die Kleinen Arkana setzen sich aus vier Serien zusammen: Kelche, Stäbe, Schwerter und Münzen. Dabei handelt es sich um die Vorläufer der modernen Farben: Herz, Kreuz, Pik und Karo. Jede Serie ist einem der vier Elemente zugeordnet: Wasser, Feuer, Luft und Erde. Bei den Sharman-Caselli Karten zeichnen sich die einzelnen Serien durch eine bestimmte Farbgebung und Symbolik aus, die auf das jeweilige Element Bezug nehmen. Das erleichtert dem Anfänger die Zuordnung einzelner Karten zu Serie und Element. Um das Verständnis weiter zu vertiefen, ist jede Serie auf einen bestimmten Lebensbereich bezogen. Kelche stehen für Gefühl und Beziehungen, Stäbe für Kreativität und Phantasie, Schwerter machen auf die Herausforderungen des Lebens aufmerksam und Münzen stehen für materielle und finanzielle Aspekte. Beim Tarot gibt es in der Kleinen Arkana auch die Hofkarten Ritter, Dame, König und Bube. Ritter, Dame und König der Serien entsprechen den zwölf Tierkreiszeichen und ihren Elementen. Diese astrologische Dimension verleiht der Deutung noch mehr Tiefe.

Nach der Beschreibung der Karten einer Serie folgt jeweils eine Beispieldeutung. Dazu werden fünf Karten der jeweiligen Serie zu einem Hufeisen gelegt. Dieses Beispiel soll Anfängern bei der Deutung von Kartenkombinationen helfen, da hier die Karten zueinander in Beziehung treten und einen bestimmten Lebensbereich des Ratsuchenden darstellen. Ich schlage vor, Sie üben zuerst mit den Karten einer Serie. Das Kapitel über die Kleinen Arkana schließt mit der Beispieldeutung eines Keltischen Kreuzes, für das alle Karten einschließlich der Hofkarten verwendet werden (*siehe Seite 136*). Diese Beispieldeutung soll zeigen, wie sich die einzelnen Serien zu einer vielschichtigeren Deutung vereinen lassen.

Im darauffolgenden Kapitel gehen wir die Karten der Großen Arkana einzeln durch. Die Großen Arkana bestehen aus 22 Karten, welche für die verschiedenen Abschnitte im Leben eines Menschen stehen. Der Narr ist die erste Karte. (Er blieb als einzige Karte der Großen Arkana in den modernen Spielkarten erhalten – als Joker.) Und so kann man sich die Reihenfolge der Großen Arkana als die Reise des Narren vorstellen. Genau wie der Mensch durchlebt er auf seinem Weg Kindheit und Pubertät mit all ihren Prüfungen, ihrem Kummer, ihrer Freude und ihren Wundern. Als Erwachsener muss er sich mit der Lebensmitte und der oft dadurch ausgelösten Krise auseinander setzen. In der zweiten Lebenshälfte und bei der zweiten Hälfte der Großen Arkana geht es darum, ein neues persönliches und spirituelles Weltbild zu entwickeln, das stärker nach innen gerichtet ist als der Enthusiasmus und die Aktivitäten der ersten Lebenshälfte. Wenn Sie Ihre Erfahrungen in den Karten gespiegelt sehen, fördert das Erkenntnis und Verständnis. Dieser Abschnitt über die Großen Arkana endet mit der Deutung eines aus sieben Karten der Großen Arkana gelegten Sterns (*siehe Seite 186*). Darauf folgt die Deutung eines Hufeisens mit fünf Karten aus dem kompletten Kartendeck (*siehe Seite 189*).

Ich werde die Symbolik der einzelnen Karten ausführlich erklären, sodass die Bedeutung jedes Bildes vollkommen klar wird. Besonders wichtig ist, dass Sie eine Beziehung zu den Abbildungen aufbauen, damit sie Ihnen so vertraut werden wie alte Freunde. Ich möchte Ihnen dringend ans Herz legen, die von den Karten symbolisierten Lebensabschnitte mit Ereignissen aus Ihrem Leben zu verknüpfen. In dem Augenblick, in dem eine Verbindung entstanden ist, wird die Karte zu Ihnen „sprechen". Sie müssen sich nicht mehr krampfhaft an den Deutungstext erinnern, sondern finden die Bedeutung leicht und mühelos. Wenn Sie zulassen, dass die Bilder zu Ihrem Unterbewusstsein sprechen und Ihre Vorstellungskraft aktivieren, kommt die Deutung ganz von alleine.

Denken Sie immer daran, dass der Tarot auf Intuition, nicht auf Logik basiert. Sie müssen Ihre Gedanken durch die Traumwelt der Tarotbilder wandern lassen, wie ein Kind ein Märchenbuch mit Bildern betrachtet. Die Tarotbilder arbeiten auf der Ebene des Unterbewusstseins. Sie sind Spiegel, die das in den tiefsten Schichten unseres Geistes verborgene Wissen reflektieren. Dieser dunkle Teil weiß Dinge, die dem Bewusstsein unbekannt sind. Mit Hilfe archetypischer Bilder schlägt der Tarot eine Brücke, über die Informationen aus dem Unterbewusstsein ins Bewusstsein gelangen. Eine einfühlsame, ernsthafte Beschäftigung mit dem Tarot fördert Phantasie, Intuition und Träume. Die Antworten auf die verschiedensten Fragen können auf diesem Weg aus dem Unterbewusstsein aufsteigen.

DIE KLEINEN ARKANA

Im Tarot beschreibt jede Serie eine bestimmte Art zu leben. Jede Serie ist wiederum einem der vier Elemente der Astrologie – Wasser, Feuer, Luft und Erde – und einem der vier Aspekte der Psyche – Gefühl, Intuition, Verstand und Empfindung – zugeordnet. Wenn Sie mit dem Tarot arbeiten möchten, sollten Sie die Symbolik der Karten verstehen und deuten können. Die Deutung der Hofkarten der kleinen Arkana ist nicht immer einfach, denn diese können entweder für reale Personen stehen, die in Ihr Leben treten, oder aber Aspekte Ihrer Persönlichkeit spiegeln, die entwickelt werden müssen. Manchmal kündigen sie auch Ereignisse an.

In diesem Abschnitt gehen wir die Serien und Karten der Reihe nach durch. Nach den Erläuterungen zu einer Serie folgt jeweils eine Beispieldeutung, für die lediglich die Karten dieser Serie verwendet werden. Üben Sie am besten zuerst mit den Karten einer Serie, ehe Sie zur nächsten Serie übergehen. So werden Sie im Umgang mit den Karten sicherer. Der Abschnitt aller Farben der kleinen Arkana endet mit einem Keltischen Kreuz, für das Karten aus der gesamten Kleinen Arkana benutzt wurden (*siehe Seite 136–140*). Daran soll gezeigt werden, wie Sie alle Serien zu einer Gesamtdeutung verknüpfen können.

Kelche

THEMA: *Gefühle und Empfindungen*

Die Kelche symbolisieren die ewig im Wandel begriffene Welt der Gefühle. Das dem Gefühl zugeordnete Element ist das Wasser. Wie das Wasser verändern sich auch unsere Gefühle fortwährend. Sicher haben Sie schon einmal erlebt, dass Sie in einem Augenblick himmelhoch jauchzend und im nächsten zu Tode betrübt waren. Diese Schwankungen werden häufig von Geschehnissen in Ihrem Umfeld ausgelöst. Wie Wasser die Form des Gefäßes annimmt, in dem es sich befindet, können auf ähnliche Weise sowohl die Menschen in Ihrer Umgebung als auch bestimmte Situationen Ihre Gefühle beeinflussen. Denken Sie einen Augenblick über das Auf und Ab Ihrer Gefühle nach. Stellen Sie sich vor, wie Wasser unablässig von einem Gefäß in das nächste fließt. Je leichter es Ihnen fällt, die Welt der Gefühle mit dem Element Wasser zu verknüpfen, desto besser werden Sie die Kelche verstehen.

Um sich mit der Serie der Kelche und dem Element Wasser vertraut zu machen, breiten Sie alle Karten der Serie vor sich aus. Lassen Sie die Symbole, Formen und Farben auf sich wirken, ehe Sie versuchen, einzelne Karten zu verstehen. Wie Sie sehen, findet sich das Element Wasser auf jeder Karte – ob als Fluss, See, Quelle oder Meer. Entdecken Sie weitere Wassersymbole, etwa Fische oder Meerjungfrauen. Sehen Sie sich die Farben an – wässerige Blau-, Malven- und Rosétöne – und ordnen Sie sie im Geiste den Kelchen zu. Die Farben des Wassers sind kühl: Versuchen Sie, diese Kühle in Bildern und Farben zu spüren. Denken Sie an kühles Wasser an einem warmen Tag, oder an ein warmes Bad, wenn Sie frieren oder ausgelaugt sind.

Lesen Sie nun die Abschnitte zu den Karten dieser Serie (*siehe Seite 16–45*). Vermutlich kennen Sie die Gefühle der Begeisterung, Freude, Verwirrung und des Schmerzes, die alle in den Kelchkarten Ausdruck finden. Je stärker Sie die Bilder mit Ihren eigenen Erfahrungen verknüpfen, desto leichter können Sie sich bei der Deutung an ihre Bedeutung erinnern.

Stäbe

THEMA: *Phantasie und Kreativität*

Die Stäbe verkörpern die Magie der Kreativität. Eines der Hauptsymbole für Kreativität ist das Feuer. Bei näherer Betrachtung ist Feuer eine sehr magische Angelegenheit. Ein Funke entzündet das Holz und kurz darauf lodert ein helles, warmes Feuer auf. Ebenso kann Phantasie einen kreativen Funken zu einem wundervollen Theaterstück oder Film anfachen. Oder die Idee springt auf andere über, die ihrerseits das Feuer der Phantasie schüren und zusammen etwas Wunderbares schaffen. Wenn Sie das Bild des Feuers geistig mit der Phantasie verknüpft haben, ist der Grundstein für das Verständnis der Stäbe gelegt.

Legen Sie alle Stabkarten vor sich aus, um sich einen groben Eindruck zu verschaffen. Halten Sie sich vor Augen, dass die Stäbe in erster Linie Vorstellungskraft und Kreativität repräsentieren, und das Hauptsymbol für Kreativität das Feuer ist. Achten Sie auf die kleinen Flammen, die auf jeder Karte zu sehen sind. Zudem weisen die Karten weitere Feuersymbole auf: einen Salamander, die legendäre Echse, die in den Flammen lebt, Sonnenblumen und die Sonne. Alle Abbildungen sind in den warmen, feurigen Farben gelb, rot, braun und orange gehalten, was die Verbindung zum Element Feuer zusätzlich betont. Schon bald werden Sie die Stabkarten und ihre Symbole mit Kreativität in Verbindung bringen.

Nun sind Sie bereit für das Studium der Einzelkarten. Sie sind alle ohne Ausnahme abgebildet und werden ausführlich beschrieben (*siehe Seite 46–73*). Auf diese Weise werden Sie mit den archetypischen Bildern und ihrer Bedeutung vertraut. Die auf den Karten abgebildeten Situationen werden Ihnen bekannt vorkommen. Wenn Sie den Abbildungen persönliche Erfahrungen zuordnen, ist es für Sie leichter, eine Verbindung zu den Karten herzustellen.

Schwerter

THEMA: *Die Herausforderungen des Lebens*

Die Schwerter gehören zum Element Luft, das wiederum den Geist, das rationale Denken und den kreativen Aspekt des Denkvorgangs repräsentiert. Unser Denken hilft uns, eine Situation einzuschätzen, zu beurteilen und zu entscheiden. Wer denkt, geht über unbeständige Gefühle und instinktive Wünsche hinaus. Die Schwertkarten greifen verschiedene Ereignisse auf, denen sich jeder früher oder später stellen muss, und legen uns nahe, ihnen mit Logik und rationalem Denken zu begegnen. Die von den Schwertern verkörperten Herausforderungen sind nicht auf einen Lebensbereich wie beispielsweise Beziehungen oder Finanzen beschränkt. Die Sechs der Schwerter bedeutet zum Beispiel, dass man eine schwierige Situation hinter sich lässt. Dabei kann es sich um eine problematische Beziehung, eine Blockade der Kreativität oder ein finanzielles Durcheinander handeln. Die Schwerter spiegeln häufig ein Ungleichgewicht zwischen dem Denken auf der einen und dem Fühlen, der Intuition und den körperlichen Bedürfnissen auf der anderen Seite.

Um Ihr Verständnis von den Schwertern zu vertiefen, breiten Sie alle vierzehn Karten aus und lassen Sie die Bilder auf sich wirken. Achten Sie in erster Linie auf die Farben. Kühle Farben wie eisblau und stahlgrau kennzeichnen das Luftelement. Denken Sie auch daran, dass die Schwerter nicht nur für die Schwierigkeiten stehen, sondern auch für deren Lösung durch klares Denken. Sehen Sie sich die Symbole, die Vögel, Schmetterlinge, Wolken und die sich verändernden Muster des Himmels an. Sie alle betonen das Element Luft. Bald werden Sie mit den Bildern vertraut sein und sie mit der menschlichen Fähigkeit zu geistigen Höhenflügen assoziieren.

Lesen Sie nun die Abschnitte zu den einzelnen Karten (*siehe Seite 76–105*). Versuchen Sie, eigene Erfahrungen darin zu erkennen. Je besser Ihnen das gelingt, desto leichter werden Sie sich an die Deutung erinnern. Wenn sie eine persönliche Bedeutung für Sie haben, werden Ihnen die Karten unvergesslich.

Münzen

THEMA: *Geld und Potenzial*

Die Münzen sind dem Element Erde und somit der materiellen Welt zugeordnet. Jede brillante Idee, die ihren Ursprung in der kreativen Welt der Stäbe hat, muss das Stadium der Münzen durchlaufen, wenn sie Wirklichkeit werden soll. Es ist gut und schön, wenn man zum Beispiel eine wundervolle Inspiration zu einem Bild oder zu einer Skulptur hat. Aber die Idee wird immer eine Idee bleiben, wenn ihr nicht konkret Gestalt verliehen wird. Das ist Sache der Münzen. Denken Sie über die Bedeutung der materiellen Welt nach. Ordnen Sie das Materielle im Geiste dem Element Erde und den Münzkarten zu.

Legen Sie nun alle Münzkarten vor sich auf und machen Sie sich ein allgemeines Bild davon. Denken Sie beim Betrachten dieser Symbole materieller Wirklichkeit daran, dass die Münzen für das Element Erde und für praktische und finanzielle Angelegenheiten stehen. Widmen Sie den Farben der Erde, Braun und Grün, Ihre Aufmerksamkeit. Beachten Sie auch, dass die Tiere auf den Bildern, die Mäuse, Hasen und Hunde, sich durchweg auf dem Boden bewegen. Früchte und Blumen, Geschenke der großzügigen Mutter Natur, ohne die wir nicht überleben könnten, sind ebenfalls Sinnbilder für die Erde.

Auch das Münzsymbol selbst ist faszinierend. In die Münze, einem Zeichen der materiellen Welt, ist ein fünfzackiger Stern eingraviert: das Symbol für die magischen Kräfte der Erde. In der Tat erscheint es magisch, dass sich die Erde jedes Jahr wieder zu erneuern vermag und uns Nahrung, Unterschlupf und Schönheit schenkt. Doch diese Magie hat nichts mit Phantasie zu tun, wie das bei den Stäben der Fall ist. Diese Magie entspringt der Erde selbst. Oder um es mit einem weiteren Vergleich zu sagen: Unser Körper ist das Gefäß für die von den Stäben symbolisierten Ideen, die von den Kelchen veranschaulichten Gefühle und die von den Schwertern dargestellten Gedanken.

Lesen Sie nun die Deutungen der einzelnen Karten (*siehe Seite 106–133*). So lernen Sie die archetypische Bilderwelt und die Bedeutung der einzelnen Karten kennen. Wenn Sie sich die Abbildungen genau ansehen, werden Sie darauf Szenen mit materiellem und finanziellem Hintergrund erkennen, die Ihnen vielleicht bekannt vorkommen. Wie immer gilt: Je mehr Sie Ihre eigenen Erfahrungen in die Bilder einbringen, desto leichter erinnern Sie sich an ihre Bedeutung.

AS *der* KELCHE

Element: Wasser

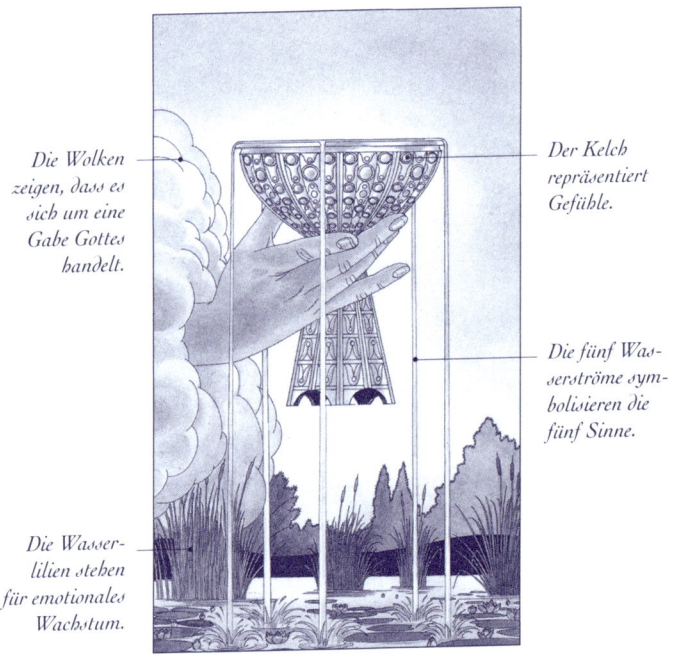

Die Wolken zeigen, dass es sich um eine Gabe Gottes handelt.

Der Kelch repräsentiert Gefühle.

Die fünf Wasserströme symbolisieren die fünf Sinne.

Die Wasserlilien stehen für emotionales Wachstum.

THEMA: *Emotionaler Neubeginn*

W ie ein Zauber bricht die Hand mit dem großen, goldenen Kelch durch die Wolken. Sie greift von der linken Seite, der Seite der Kreativität, in das Bild hinein. Kelche sind dem Element Wasser zugeordnet, dem Symbol für das Gefühl. Das As der Kelche zeichnet ein Bild überfließenden Wassers: Fünf einzelne Ströme – sie verkörpern die fünf Sinne – fließen aus dem Kelch in den darunterliegenden See. Der See steht für die Gefühlswelt. Wasserlilien bedecken die Oberfläche, ein wunderschönes Symbol für emotionales Wachstum und Entwicklung. Das Bild bringt den Zauber mächtiger Gefühle zum Ausdruck.

Deutung

Jedes As kennzeichnet einen Neubeginn. Beim As der Kelche handelt es sich um einen Neubeginn in der Welt der Gefühle. In einer Legung kann diese Karte daher auf eine neue Beziehung, Liebe oder große Freundschaft hinweisen. Welcher Natur die Beziehung auch sein mag, die anfängliche Anziehung ist meist ausgesprochen stark.

Man sollte immer daran denken, dass die Gefühle, auf die sich diese Karte bezieht, nicht unbedingt sexueller Natur sein müssen. Die Karte könnte zum Beispiel auch die tiefe Liebe einer Mutter zu ihrem Neugeborenen spiegeln. In manchen Fällen handelt es sich vielleicht um das leidenschaftliche Engagement für eine kreative Idee, die dem Betreffenden sehr am Herzen liegt. Unabhängig von den äußeren Umständen deutet die Karte immer auf das Aufwallen starker Gefühle hin.

Diese Gefühle können sowohl positiv als auch negativ sein. Im Allgemeinen ist das As der Kelche eine Karte, die Freude und Zufriedenheit in Beziehungen verheißt. Man sollte darüber jedoch nie vergessen, dass das Gefühl, auf das ein As der Kelche in einer Legung aufmerksam macht, sowohl tiefe Liebe als auch tiefer Hass sein kann – möglicherweise beides zugleich.

ZWEI *der* KELCHE

Element: Wasser

Der geflügelte
Löwe: Die Flügel
symbolisieren
die spirituelle,
der Löwe die
sexuelle Liebe.

Die weiße
Schlange ist
ein Symbol
für Weisheit.

Rote Rosen
stehen für das
Verlangen.

Die schwarze
Schlange
steht für die
Heilkunst.

Weiße Lilien
symbolisieren
den Geist.

THEMA: *Freundschaft*

Eine Frau und ein Mann stehen einander gegenüber und
tauschen die Kelche. Die Frau in der linken Bildhälfte
verkörpert Einfühlungsvermögen und Kreativität. Der Mann
in der rechten Bildhälfte steht für die Tat. Beide befinden
sich vor einem Bogen mit zwei Säulen, die zwei Schlangen

zieren. Die schwarze Schlange auf der linken Seite symbolisiert die Heilkunst, die weiße Schlange auf der rechten Seite
die Weisheit. Über dem Bogen befindet sich die Skulptur
eines geflügelten Löwen. Er ist das Symbol für das Gleichgewicht zwischen der spirituellen Liebe, dargestellt durch die
Flügel, und sexuellem Verlangen, der Gestalt des Löwen.

Der Mann trägt eine blaue Tunika, bestickt mit roten Rosen, dem Symbol des Verlangens. Die Frau trägt eine lange,
hellblaue Robe, die mit den weißen Lilien des Geistes bestickt
ist. Durch den Bogen ist in der Ferne ein kleines Bächlein zu
sehen. Es weist auf die Verbindung zum Element Wasser hin.

Deutung

Die Zwei der Kelche ist die Karte der Freundschaft. Das
Paar tauscht zum Zeichen ihrer Liebe und Verbundenheit
die Kelche. Der Tausch der Kelche zeigt, dass sie willens
sind, miteinander zu teilen. Ein gutes Zeichen für die Beziehung, sei sie nun romantischer oder platonischer Natur.

Die Zwei spaltet das vom As der Kelche symbolisierte
reine Gefühl in männlich und weiblich, aktiv und passiv.
Dadurch entsteht eine Dualität, ein Gleichgewicht der
Kräfte. In einer Legung steht diese Karte für eine neue Beziehung oder eine Beziehung, die sich noch im Anfangssta-
dium befindet. Die Zwei der Kelche kann auch die Versöhnung zwischen verfeindeten Parteien und die Lösung von
Konflikten ankündigen. Am häufigsten wird sie als Liebes-
beziehung gedeutet, doch eine tiefe, dauerhafte Freundschaft kann ebenfalls gemeint sein.

Natürlich hat auch diese Tarotkarte eine negative Seite:
Möglicherweise warnt sie vor dem Abkühlen einer Freundschaft oder dem Ende einer Beziehung durch negative Gefühle wie Eifersucht.

Drei der Kelche

Element: Wasser

Girlanden lassen erkennen, dass es sich bei der Zusammenkunft um ein Fest handelt.

Die Mädchen erheben die Kelche zum Zeichen der Freude.

Der Fisch ist ein Wassersymbol.

Das Wasserbecken ist ein Bild für die Welt der Gefühle.

THEMA: *Ein freudiger Anlass*

Drei Mädchen in langen Kleidern, deren Farbe an das Element Wasser erinnert, tanzen ausgelassen. Sie haben ihre Kelche erhoben; diese Geste drückt Feierlichkeit und Harmonie aus. Ihr langes Haar ist mit Blumen festlich geschmückt, sie tragen Blumengirlanden um die Taille, sie tanzen in einem wunderschönen Garten. Im Vordergrund ist ein Brunnen zu sehen. Der Fisch, Symbol für das Element Wasser, spritzt Wasser in einer Fontäne in die Höhe, das sich im Becken wieder sammelt. Dies ist ein Bild für überfließende Gefühle.

Deutung

Die Drei ist die Zahl der ersten Vollendung. Für das Wasserelement der Kelche heißt das, dass es sich um einen Höhepunkt handelt, der auf der Ebene der Gefühle stattfindet. Es gibt etwas zu feiern, die Atmosphäre ist fröhlich.

In einer Legung könnte die Drei der Kelche auf eine Verlobung, eine Hochzeit, einen freudigen Anlass verweisen, der den Höhepunkt einer bestimmten Phase markiert: Die Zeit des Werbens gipfelt in einer Verlobung, die Verlobung gipfelt in einer Hochzeit. Mit dieser Karte könnte auch die Geburt eines Kindes, eine Taufe oder Namensgebungsfeier gemeint sein. Unabhängig davon, um welches Ereignis es sich handelt, lautet ihre Botschaft: Genießt den Augenblick des Glücks, aber vergesst nicht, dass danach der alltägliche Lebenskampf unweigerlich von neuem beginnt. Zu einer Hochzeit oder einer Geburt gehören sowohl der feierliche Höhepunkt als auch der Übergang von der Euphorie zum normalen Alltag.

Die Bedeutung dieser Karte ist nicht auf Hochzeiten und Geburten beschränkt. Jeder freudige Anlass, der gefeiert wird, kann gemeint sein, also auch wichtige Geburtstage oder Jubiläen. Im Grunde bedeutet die Drei der Kelche, dass wir unsere Freude mit den Menschen teilen sollen, die wir lieben.

VIER *der* KELCHE

Element: Wasser

Die Wolke deutet an, dass der Mann den dargebotenen Geschenken keine Beachtung schenkt.

Verschränkte Arme und Beine zeugen von blockierten und abgeschnittenen Gefühlen.

Das Schloss steht für die guten Dinge in seinem Leben.

Der See symbolisiert das Gefühl.

THEMA: *Unzufriedenheit*

Ein Mann in blauer Tunika und weißem Hemd sitzt neben einem ruhigen See im Gras. Das Wasser des Sees und die blaue Farbe seiner Tunika erinnern an das Wasserelement. Arme und Beine sind fest verschränkt. Offenbar möchte er nicht annehmen, was das Leben zu bieten hat. Er wirkt, als wolle er sich bewusst emotional verschließen. Den goldenen Kelch, den ihm eine Hand darbietet, die wie durch Zauber aus einer Wolke in der rechten Bildhälfte, der Seite der Aktion, erscheint, beachtet er nicht. Stattdessen starrt er unzufrieden auf die drei gefüllten Kelche, die vor ihm stehen. Das Schloss in der Ferne stellt die positiven Faktoren in seinem Leben dar. Dennoch ist er unglücklich.

Deutung

Uns bietet sich ein Bild der Langeweile und der Unzufriedenheit. Nach einer außergewöhnlich freudigen Zeit (Drei der Kelche) kann die Rückkehr zur Routine besonders unangenehm sein. Das von der Vier der Kelche ausgedrückte Gefühl ist in erster Linie Langeweile. Und ein Mensch, der sich so richtig langweilt, kann sich nur schwer für etwas begeistern. Der Mann auf dem Bild ist ganz klar nicht in der Lage, zu würdigen, was er besitzt. In seiner Unzufriedenheit weist er alles zurück – sogar die Dinge, die ihm von Zauberhand angeboten werden. Er hat mehr als genug, aber er weigert sich, das zu erkennen und zu schätzen.

In einer Legung deutet diese Karte darauf hin, dass Ihnen viele Möglichkeiten offenstehen. Allerdings bleiben sie ungenutzt, wenn Sie Ihre Haltung nicht ändern. Am besten lässt sich diese Stimmung bekämpfen, wenn man sich seiner Unzufriedenheit stellt und sie genau unter die Lupe nimmt. Die Zahl Vier symbolisiert die Realität, und eine seltsame Mischung aus Realität und Gefühl könnte zur Apathie führen. Vielleicht hofft man darauf, dass „ein anderer die Sache in die Hand nehmen" wird. Wie der magische Kelch enthüllt, besteht dieses Angebot paradoxerweise sogar: Doch möglicherweise sind die Sinne schon so sehr abgestumpft, dass man es nicht einmal mehr bemerkt.

Fünf der Kelche

Element: Wasser

Der schwarze Umhang drückt Trauer und Sorge aus.

Das Schloss ist ein Symbol der Hoffnung.

Die Brücke deutet den weiteren Weg an.

Der Fluss steht für das Unglücklichsein.

Die vollen Kelche stehen für das, was geblieben ist.

Die umgestoßenen Kelche sind ein Bild für das, was verloren ging.

THEMA: *Kummer und Leid*

Eine gramvolle Gestalt wendet uns den Rücken zu. Sie ist in einen schwarzen Umhang gehüllt, die Farbe der Trauer. Vor ihr liegen drei umgestoßene Kelche, aus denen Wasser läuft. Die Gestalt achtet nur auf die umgestoßenen Kelche. Die beiden vollen Kelche hinter sich sieht sie nicht. Dieses

Bild kann bedeuten, dass etwas verloren ging oder zerstört wurde, aber auch etwas geblieben ist. Doch um die positive Seite erkennen zu können, müsste sich die Gestalt umdrehen.

Blickt stattdessen dieser Mensch auf einen schnell fließenden Fluss hinab, ein Sinnbild für Kummer und Sorgen. Eine Brücke führt darüber, er hat also die Möglichkeit, weiterzukommen. Jenseits des Flusses befindet sich ein Schloss, das Stabilität, Sicherheit und somit Hoffnung für die Zukunft verheißt. Das zentrale Thema dieses Bildes ist Kummer und Leid, doch nicht alles ist verloren.

Deutung

Die Fünf der Kelche kündigt eine sorgenvolle Zeit an. Im Tarot bringt die Zahl fünf stets Schwierigkeiten und Veränderungen mit sich. Bei den vom Element Wasser beherrschten Kelchen wird sich dieser Wandel vermutlich im Bereich der Gefühle vollziehen. In einer Legung veranschaulicht diese Karte, dass auf emotionaler Ebene, vielleicht in einer Beziehung, etwas schief gegangen ist. Möglicherweise bereut man eine getroffene Entscheidung. Das Bild enthüllt jedoch auch, dass man sich zu sehr mit dem Verlust beschäftigt und die positive Seite nicht erkennt. Die Gestalt achtet nur die umgestoßenen Kelche. Die vollen Kelche hinter sich sieht sie nicht.

In Augenblicken der Enttäuschung denken wir oft nur daran, was wir verloren haben, und übersehen, was uns bleibt. Diese Karte deutet zwar auf erlittene Verluste hin, sie zeigt aber auch, dass nicht alles verloren ist. Um die Situation zum Guten zu wenden, müssen Sie sich jedoch eingestehen, wieviel Sie selbst zu Ihrem Verlust beigetragen haben. Wichtig ist, dass Sie Ihren Anteil an der Situation erkennen, die Verantwortung dafür übernehmen und falls nötig bereuen.

SECHS *der* KELCHE

Element: Wasser

Der Wunsch-
brunnen steht
für unsere
Wünsche.

Der Bauern-
garten sym-
bolisiert die
Kindheit.

Der Zwerg
steht für die Ver-
gangenheit.

Das kleine
Mädchen
symbolisiert
die Zukunft.

Die weißen
Lilien symbo-
lisieren Rein-
heit und Un-
schuld.

THEMA: *Erinnerungen und Zukunftsträume*

Die Sechs ist die Zahl der Harmonie. In der Serie der
Kelche steht sie für Gelassenheit und Ausgleich. Das
Bild zeigt einen Zwerg und ein kleines Mädchen, die sechs
Kelche mit Blumen schmücken. Das Mädchen trägt ein blau-
es Kleid, um an die Verbindung zum Element Wasser zu er-

innern. Das Mädchen symbolisiert die Zukunft, der Zwerg die Vergangenheit; gemeinsam arbeiten sie an der Gegenwart. Sie legen Blumen, Erinnerungen an die Vergangenheit und Sinnbilder der Gefühlswelt, in die Kelche. Das mit Reet gedeckte Häuschen und der Bauerngarten wecken schöne Kindheitserinnerungen. Der Brunnen steht sowohl für das Element Wasser als auch für alle unsere Wünsche.

Deutung

Das Bild zeigt ein junges Mädchen und einen alten Zwerg, die gemeinsam eine Aufgabe erfüllen. Es deutet an, dass liebevolle Beziehungen zwischen den Generationen Zufriedenheit und Sicherheit bringen können. In einer Legung offenbart diese Karte möglicherweise, dass Ihnen die Hilfe eines Freundes, Lehrers oder Familienmitglieds zuteil wird. Es ist eine günstige Karte, die Ruhe und Frieden ausstrahlt.

Die Sechs der Kelche kennzeichnet eine Phase der Erinnerung und der Nostalgie. In schwierigen Zeiten kann es tröstlich sein, sich an die Vergangenheit zu erinnern. Mit der Sechs der Kelche könnten aber auch lang gehegte Träume in Erfüllung gehen. Der Wunschbrunnen symbolisiert unsere Wünsche und gibt uns Gelegenheit, einen alten Traum zu träumen. Vielleicht erblüht eine alte Liebe neu oder eine vernachlässigte Freundschaft erwacht zu neuem Leben. Oder aber etwas, das Sie sich seit Jahren sehnlichst wünschen, wird endlich Wirklichkeit.

In ihrem negativen Aspekt warnt diese Karte davor, zu sehr in der Vergangenheit zu leben. Wer nur nach hinten blickt, übersieht gern, was getan werden muss. Erinnerungen können Trost und Inspiration sein. Wer sich aber ganz in sie zurückzieht, wird entdecken müssen, dass das sowohl unangemessen als auch unproduktiv ist.

Sieben *der* Kelche

Element: Wasser

Der Drache verkörpert Kraft.

Edelsteine bedeuten Reichtum.

Der Lorbeerkranz steht für Erfolg.

Die Schlange ist ein Symbol für Sexualität.

Das Schloss steht für Sicherheit.

Die verhüllte Gestalt ist unser wahres Selbst.

Die Taube repräsentiert den Geist.

THEMA: *Tagträume*

Ein blau gekleideter Mann liegt neben einem Teich, Symbol für das Element Wasser, auf einer Bank und hängt seinen Tagträumen nach. In den Wolken über ihm steigen phantastische Visionen aus sieben Kelchen auf. Aus einem Kelch fliegt eine Taube auf; sie verkörpert die Welt des Geistes. Im zweiten Kelch befindet sich ein Lorbeer-kranz, das Zeichen des Erfolgs. Edelsteine, Symbole materiellen und emotionalen Reichtums, liegen im dritten Kelch. Aus dem vierten Kelch erhebt sich ein Drache, Zeichen der Stärke, im fünften windet sich eine Schlange, Symbol der Sexualität. Ein schönes Schloss erhebt sich aus dem sechsten Kelch. Es verspricht Sicherheit und Stabilität. Im siebten Kelch steht eine geheimnisvolle, von einem Umhang verhüllte Gestalt. Es ist unser wahres Selbst, das darauf wartet, entdeckt zu werden. Alles in allem ergibt sich ein phantastisches Bild voll wunderbarer Wahlmöglichkeiten.

Deutung

Die Sieben der Kelche zeigt uns eine Reihe von Möglich-keiten auf. Die Entscheidung für eine davon kann sich jedoch als Herausforderung entpuppen. Diese Karte erzählt von Tagträumen und Phantasien, die Hirngespinste bleiben, wenn wir nicht auf ihre Verwirklichung hinarbeiten.

Bei dieser Wasserkarte sind die Träume, die wir träumen, nicht auf die Liebe oder auf Beziehungen beschränkt. Wenn sie in einer Legung auftaucht, haben Sie vermutlich eine ganze Reihe von Plänen. Die Hauptaussage lautet deshalb: eins nach dem anderen. Bleiben Sie auf dem Boden und konzentrieren Sie sich auf eine Sache, sonst werden alle diese Träume Luftschlösser bleiben.

Die Sieben der Kelche deutet an, dass uns viele Möglich-keiten offenstehen. Das Problem ist nur: Wenn alles möglich scheint, fällt die Wahl schwer – besonders, da die Entscheidung für eine unweigerlich den Verlust anderer Möglichkeiten mit sich bringt. Die Kehrseite der Karte ist, dass sie uns zu viele Wahlmöglichkeiten lässt. Und das kann sich als ebenso schwierig erweisen, wie zu wenig Chancen zu haben.

ACHT *der* KELCHE

Element: Wasser

Der abnehmende
Mond kündigt
an, dass ein
Lebensabschnitt
zu Ende geht.

Die sorgfältig
aufgestapelten
Kelche lassen
darauf schlie-
ßen, dass viel
Mühe verwendet
wurde.

Die Berge sind
kahl. Sie geben
keinerlei Hin-
weis auf die
Zukunft.

Die Gestalt hat
sich von der
Vergangenheit
abgewandt.

THEMA: *Neue Kraft schöpfen*

Die Gestalt im dunkelblauen Umhang ist unterwegs zur
kahlen Spitze eines Hügels. Sie wendet uns den Rücken
zu. Sanft plätschert der Bach neben ihr ins Tal. Dieses Symbol macht uns sowohl auf das Element Wasser als auch auf
die Welt der Gefühle aufmerksam, der die Kelche zugeordnet

sind. Die Gestalt hat soeben einen Bogen aus acht sorgfältig aufgestapelten Kelchen durchschritten und geht auf die kahlen Berge zu. Dies deutet darauf hin, dass sie sich bedeutungsvolleren Angelegenheiten zuwenden will. Die Kelche stehen aufrecht und sind offenbar voll, wurden aber dennoch zurückgelassen. Die Sichel des abnehmenden Mondes am Himmel zeigt an, dass ein Lebensabschnitt zu Ende geht.

Deutung

Die Acht ist die Zahl des Todes, der Wiedergeburt und der Regeneration. Veränderungen liegen in der Luft. In einer Legung verweist die Acht der Kelche darauf, dass die Zeit für eine Sache, die Ihnen am Herzen liegt – eine Beziehung, ein Lebensabschnitt oder vielleicht ein wichtiges Projekt – abgelaufen ist. Das Bild offenbart, dass Sie viel Zeit und Energie in diese Angelegenheit investiert haben, denn die Kelche wurden liebevoll und mit großer Sorgfalt aufgebaut. Doch Liebe und Energie machen eine Beziehung oder ein Projekt nicht automatisch zum Erfolg. Nur weil Sie sich bemühen, heißt das noch lange nicht, dass Sie auch Erfolg haben werden.

Wenn sich eine Sache erledigt hat, ist es Zeit, weiterzuziehen. Dies ist die Bedeutung der Acht der Kelche. Die Gestalt auf dem Bild wendet sich bewusst von allem ab, wofür sie gearbeitet hat. Nicht ganz freiwillig, wie es scheint, aber offenbar bleibt ihr nur die Wahl, das Alte zu Gunsten des noch unbekannten Neuen aufzugeben. Die Kelche sind voll, aber nicht mehr wichtig. Die Gestalt zieht weiter und läßt die Vergangenheit hinter sich. Das Bild wirkt vielleicht etwas bedrückend, doch es kündigt den Beginn eines neuen Lebensabschnitts an. Wer jetzt nicht handelt, läuft Gefahr, steckenzubleiben.

NEUN *der* KELCHE

Element: Wasser

Die offene Landschaft deutet an, dass nichts die Freude dieses Augenblicks trübt.

Das Paar zeigt durch die Umarmung seine Liebe füreinander.

Die Brunnen stehen für überfließende Gefühle.

Der festlich gedeckte Tisch ist ein Zeichen für emotionale Versorgung und Sinnenfreuden.

THEMA: *Sinnenfreuden*

Die Neun der Kelche zeigt ein Bild vollkommener Glückseligkeit. Ein Mann und eine Frau umarmen sich zärtlich neben einem Tisch, der über und über mit Früchten und Blumen bedeckt ist – eine Anspielung auf den Genuss und die schönen Dinge des Lebens. Das Tischtuch ist hellblau und erinnert an das Element Wasser. Neun volle Kelche stehen auf dem Tisch. Der Wassergarten und die glitzernden Wasserfontänen im Hintergrund symbolisieren das ständige Auf und Ab der Gefühle. Das Bild ist eine Mischung aus sinnlichen Freuden und emotionaler Zufriedenheit. Es ist ein deutlicher Hinweis auf einen ganz besonderen Augenblick, einen nicht alltäglichen Höhepunkt.

Deutung

Traditionell gilt die Neun der Kelche als „Wunschkarte". Sie verheißt die Erfüllung eines Wunsches oder eines Traums, bei dem meist Gefühle und Beziehungen im Mittelpunkt stehen. Es kann sich aber auch um etwas anderes handeln, das Ihnen sehr am Herzen liegt.

Die Neun der Kelche kündigt eine besondere Zeit an, abgerückt vom Alltag, in der man sich sinnlichen Freuden hingibt, wie der festlich gedeckte Tisch in wunderschöner Umgebung zeigt. Die Szene spricht alle fünf Sinne an. Besonders, wenn wir uns vorstellen, wie die Brunnen sanft plätschern, Musik erklingt und uns der Duft von wohlschmeckenden Speisen und gutem Parfum in die Nase steigt. Natürlich dauert auch dieser besondere Augenblick nicht ewig, doch der Moment ist kostbar und sollte in vollen Zügen genossen werden.

Beim Kartenlegen bedeutet diese Karte, dass wir uns nun an einer Beziehung erfreuen oder uns vollkommen der Umsetzung eines lang gehegten Traums widmen können. Diese Karte ist nicht wie Zauber einer guten Märchenfee, die drei Wünsche gewährt. Vielmehr weist sie darauf hin, dass die Zeit günstig ist, Träume Wirklichkeit werden zu lassen.

ZEHN *der* KELCHE

Element: Wasser

Der Fluss steht für das ständige Auf und Ab der Gefühle.

Das Haus symbolisiert Stabilität.

Die aus zwei weiblichen und zwei männlichen Mitgliedern bestehende Familie ist ein Hinweis auf Ausgeglichenheit.

Der Garten verheißt Fruchtbarkeit.

THEMA: *Zufriedenheit und ein glückliches Familienleben*

Die unschuldige Familienszene auf der Zehn der Kelche unterscheidet sich von der luxuriösen Pracht der vorangegangenen Karte. Die Eheleute halten einander in den Armen und betrachten ihre zufrieden spielenden Kinder. Die ganze Gruppe strahlt Harmonie aus. Zehn Kelche umgeben die Familie wie ein magischer Kreis. Es ist ein Bild voller Freude und Wohlbehagen, wie es nur Menschen ausstrahlen, die mit ihren Beziehungen zufrieden sind. Der Garten, Symbol einer überreichen Natur, und das Haus, Symbol der Stabilität, stärken der Familie den Rücken. Zusammen bilden Haus und Garten ein festes Fundament, das deutlich die Liebe und Sorgfalt verrät, mit der es errichtet wurde. Ein Fluss, Hinweis auf das Wasserelement und die Gefühle, schlängelt sich durch die Landschaft. Er drückt aus, wie wichtig der stete Fluss unserer Gefühle ist.

Deutung

Die Zehn ist die Zahl der Vollendung. Sie setzt sich aus der Eins, der Zahl des Anfangs, und der Null, der Zahl des Geistes, zusammen. Mit der Zehn schließt sich der Kreis, mit der Eins beginnt er von neuem. Auch wenn die Karte eine Familie zeigt, ist ihre Bedeutung nicht auf diesen Bereich beschränkt. In der Deutung offenbart sie Gefühle der Zufriedenheit in Beziehungen aller Art, ob diese nun romantischer, platonischer oder familiärer Natur sind.

Im Unterschied zur Glückseligkeit der Neun der Kelche sind hier vielmehr dauerhafte Zufriedenheit und einfache Freuden gemeint. Die Zehn der Kelche drückt emotionale Erfüllung aus, nicht Ekstase. Die damit verbundenen Gefühle sind daher auch von längerer Dauer, als das bei der Neun der Kelche der Fall sein kann. Die Zehn der Kelche verrät tiefe Dankbarkeit für die einfachen Freuden, zum Beispiel für eine liebevolle Beziehung und erwiderte Gefühle. Sie weist aber auch auf die große Mühe hin, die es kostet, diesen Zustand zu erreichen und zu erhalten. Mit anderen Worten, die Gaben der Zehn der Kelche muss man sich erarbeiten; man bekommt sie nicht geschenkt.

BUBE *der* KELCHE

Element: Wasser

Der Fisch zeigt unser Potential, unsere innere Welt zu verstehen.

Die Fische auf der Kleidung des Jünglings stehen für die Einsichten, die tiefe Gefühle vermitteln können.

Der See steht für das Gefühl.

THEMA: *Das Erwachen der Gefühle*

D ie Buben werden immer als Jünglinge dargestellt, da sie für eine Sache stehen, die sozusagen noch in den Kinderschuhen steckt. Der Bube der Kelche trägt eine Tunika mit Fischmuster; der Fisch ist das Sinnbild tiefer Gefühle. Seine Kleidung ist in den Farben des Wassers gehalten und er steht an einem Fluss, was die Verknüpfung zwischen dem Element Wasser und den Kelchen noch klarer macht. Sein Bild spiegelt sich im Wasser und erinnert uns, dass auch wir uns in den Augen der anderen Menschen erkennen können. Der Bube der Kelche hält den goldenen Kelch in beiden Händen, als wolle er bis zur Neige auskosten, was dieser zu bieten hat. Den kleinen Fisch, der aus dem Kelch zu ihm aufschaut, betrachtet er genau. Der Fisch verkörpert unser Potential, unsere innere Welt zu verstehen. Doch die Einsichten sind ebenso flüchtig wie der Fisch selbst. Sie huschen durch das tiefe Wasser der Gefühle, und nur ab und zu gelingt es uns, einen Blick darauf zu erhaschen.

Deutung

In einer Legung kann der Bube der Kelche viele Bedeutungen haben. Wörtlich genommen kann er die Geburt eines Kindes ankündigen. Auf einer tieferen Ebene verweist er auf eine neue Beziehung oder das Erwachen neuer Gefühle. Das könnte bedeuten, dass Sie in einer emotionalen Angelegenheit Ihre Meinung ändern oder ein neues künstlerisches Talent entwickeln.

Die Kreativität der Kelche unterscheidet sich von der Vorstellungskraft der Stäbe. Sie ist sanfter, gefühlvoller. Die Kreativität der Kelche ist nicht so extrovertiert und überschäumend wie die der feurigen Stäbe. Sie ist stärker nach innen gerichtet, nachdenklicher, passiver. Die Buben werden als Knaben dargestellt, weil die Gefühle und Ideen, die sie verkörpern, noch nicht Gestalt angenommen haben. Sie sind noch nicht zur Reife gelangt. Diese Karte zeigt uns, wie viele Möglichkeiten uns im Bereich der Beziehungen und der Kreativität offen stehen, selbst wenn sie noch in den Anfängen stecken.

RITTER *der* KELCHE

Element: Wasser

Er hält den
Kelch in der
linken, der krea-
tiven Hand.

Der Flügelhelm
steht für die
Schwingungen
des Geistes.

Die Fische sym-
bolisieren das
Sternzeichen
Fische.

Der Fluss steht
für die Gefühle.

THEMA: *Der Geliebte*

Der Ritter der Kelche ist die Verkörperung des Märchen-
prinzen. Er trägt einen Flügelhelm und reitet ohne Eile
auf seinem prachtvollen weißen Pferd durch die schöne
Landschaft. Über seiner glänzenden Rüstung trägt er eine
mit Fischen geschmückte Tunika, ein Hinweis auf das Stern-

zeichen Fische. Ein breiter Fluss, Verbindung zum Element
Wasser, schlängelt sich durch die Felder. Der Ritter der Kelche hält seinen Kelch vor sich in der linken Hand – der Seite
der Kreativität – und blickt aufmerksam hinein. Er ist ein romantischer Idealist und im Namen der Liebe zu allem bereit.

Deutung

Der Ritter der Kelche ist eine edelmütige Gestalt. Traditionell steht er für den Geliebten oder jemanden, der die Ehe
anbietet. Im Grunde ist er ein Träumer, der sich nach Ro-
mantik und vollkommener Liebe sehnt.

Wenn der Ritter der Kelche in einer Legung auftaucht,
könnte es Zeit sein, sich auf die Suche nach Idealen und
Träumen, nach dem Edlen und Schönen im Leben zu machen. Das Sternzeichen Fische ist bekannt für seine Opfer-
bereitschaft – besonders, wenn das Opfer im Namen der
Liebe erbracht wird. Die Fische gehören zu den Wasserzeichen, weshalb sich die in diesem Zeichen Geborenen
vorwiegend von ihrem Gefühl leiten lassen. Ihr Gefühl bestimmt, was sie tun, nicht das, was sie über eine Sache denken. Sowohl die Fische als auch der Ritter der Kelche denken mit dem Herzen, nicht mit dem Kopf. Fischegeborene
sind meist warmherzig und mitfühlend, besonders Menschen gegenüber, denen es nicht so gut geht. Im Idealfall
sind sie inspirierend, findig und einfallsreich. Die Schatten-
seiten des Zeichens, und damit auch des Ritters der Kelche,
sind Launen, wirre Gedanken und die Neigung, sich in einer Phantasiewelt zu verlieren.

Der Ritter der Kelche kündigt an, dass der Geist der Ro-
mantik in Ihr Leben tritt. Das kann eine Person sein, auf die
die Beschreibung „Geliebter oder Verführer" passt, oder sich
als Aufwallen romantischer Gefühle bemerkbar machen.

KÖNIGIN *der* KELCHE

Element: *Wasser*

Die Krone besteht aus Fisch- schwänze.

Die Meerjung- frauen symboli- sieren die Brücke zwischen bewuss- tem und unbe- wusstem Denken.

Die Delphine sind Wassersymbole.

Der Thron aus Austernschalen verweist auf die Tiefe der Gefühle.

Das Meer ist ein Sinnbild für die große Bandbreite un- serer Gefühls- welt.

THEMA: *Die Geliebte*

Die schöne Königin der Kelche sitzt auf einem Thron aus Austernschalen, der von Delphinen und Meerjung- frauen gestützt wird. Die Meerjungfrau ist ein wundervolles Sinnbild für die Königin der Kelche. Halb Mensch, halb Fisch schlägt sie eine Brücke zwischen der bewussten Welt der Sterblichen und dem unbewussten, fast magischen Meer der Gefühle. Die Königin der Kelche thront über dem Meer, einem klaren Symbol für die Gefühlswelt. Wie unsere Gefühle ist auch das Meer niemals gleich: bald rau und wütend, bald ruhig und friedlich. Das Kleid der Königin fließt wie Wasser in die Wellen zu ihren Füßen und zeigt, dass sie mit ihren Gefühlen im Einklang ist. Nachdenklich blickt sie in ihren Kelch, während sie über ihre Gefühle nachsinnt.

Deutung

Die Königin der Kelche ist eine Frau, die mit ihren Gefühlen im Einklang ist. Sie sind für sie von äußerster Wichtigkeit. Die Karte kündigt an, dass Herzensangelegenheiten an die Oberfläche kommen werden. Dabei kann es sich um Beziehungen jeder Art handeln – ob platonisch, familiär oder romantisch. Und dieses Mal lassen sich die Gefühle nicht ignorieren.

Die Königin der Kelche ist dem Wasserzeichen Skorpion zugeordnet. Skorpione gelten als leidenschaftlich und verführerisch, aber auch als mysteriös und geheimnisvoll. Sie sind selbstgenügsam und faszinierend. Zudem verfügen diese Menschen über eine sehr gute Intuition und vollkommenes Vertrauen in ihre Instinkte. Skorpione sind für ihre Entschlossenheit und ihren Wunsch nach Kontrolle bekannt. Die Königin der Kelche verkörpert die hypnotisch-magische Kraft der weiblichen Welt der Gefühle, die lockt und fasziniert, letztendlich aber unergründlich bleibt.

In einer Legung könnte diese Karte bedeuten, dass eine faszinierende Person in Ihr Leben tritt oder sich jemand in Sie verliebt. Vielleicht möchte die Karte Sie aber auch auffordern, in Ihre Gefühle einzutauchen, damit Sie sich dessen, was tief in Ihnen vorgeht, besser bewusst werden.

KÖNIG *der* KELCHE

Element: Wasser

Er hält den
Kelch in der
rechten Hand,
der Hand
der Tat.

Der als
Schmuck die-
nende Fisch
symbolisiert die
kontrollierten
Gefühle.

Der springende
Fisch bringt die
ungezügelten
Gefühle zum
Ausdruck.

Aus dem Wasser
kriecht eine Krab-
be, die den König
der Kelche dem
Sternzeichen
Krebs zuordnet.

THEMA: *Liebe und Angst*

D er gekrönte König auf seinem aus Stein gehauenen
Thron ist vom aufgewühlten Wasser umgeben, doch
seine Füße sind trocken. Das Meer steht für die Welt der
Gefühle und der Intuition, die sich der Kontrolle durch das
Bewusstsein entzieht. Der König der Kelche würde die

Wellen zwar gerne beherrschen, weiß aber, dass es ihm nie vollständig gelingen kann. Deshalb zögert er, ganz mit dem Wasser zu verschmelzen. Der König der Kelche sitzt regungslos auf seinem steinernen Thron. In der rechten Hand, der Hand der Tat, hält er den Kelch, in der anderen den Reichsapfel, das Zeichen seiner Herrschaft. Hinter dem Thron springt freudig ein Fisch aus dem Wasser, Symbol für die Macht der Kreativität und der Phantasie, aber der König scheint ihn nicht zu bemerken.

Deutung

Der König der Kelche sehnt sich nach emotionaler Nähe, zögert aber gleichzeitig, sich seinen Gefühlen hinzugeben, die naturgemäß gespalten und verwirrend sind. Die Gefühlswelt der Kelche ist in vielerlei Hinsicht ein schwieriges Terrain für die männliche Energie des Königs. Im Tarot muss der König nicht unbedingt ein Mann sein (ebensowenig wie die Königin immer eine Frau sein muss), doch die von ihm verkörperte Energie ist männlich: dynamisch, aktiv, direkt. In der Deutung lässt der König der Kelche auf den starken Wunsch nach emotionaler Nähe zu anderen schließen. Gleichzeitig offenbart er die Angst davor.

Der Krebs steht für das gleichnamige Sternzeichen und bringt dessen gespaltene Natur zum Ausdruck, denn er ist weder auf dem Land noch im Wasser völlig zu Haus. So sehnen sich die Krebsgeborenen einerseits nach Nähe, fürchten sich aber gleichzeitig vor dem engen Kontakt, den dies mit sich bringt. In einer Legung kann der König der Kelche die Begegnung mit einem Menschen ankündigen, der mitfühlend und engagiert ist, aber gleichzeitig große Angst vor einer festen Bindung hat. Vielleicht müssen Sie sich diesem Aspekt aber auch in Ihrer eigenen Psyche stellen.

Beispieldeutung Kelche

*J*emima, eine junge Frau, wollte wissen, was die Zukunft in Sachen Beziehungen für sie bereithält. Sie stand kurz vor ihrem Studienabschluss,
wusste aber noch nicht, was sie später einmal machen wollte. Sie zog die
folgenden fünf Kelchkarten:

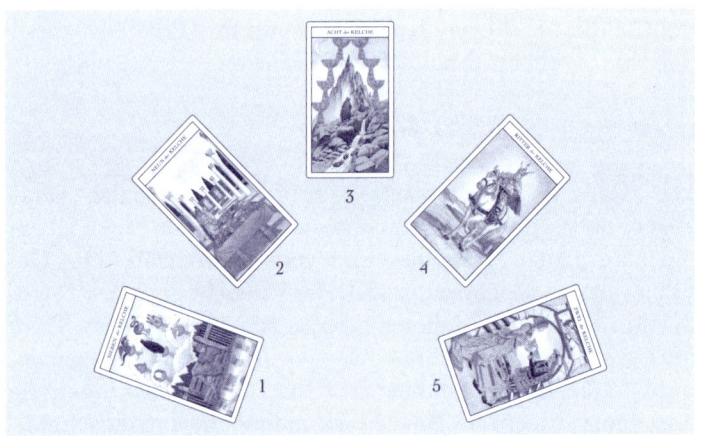

1. Die Ausgangssituation: Sieben der Kelche

Die Sieben der Kelche offenbart viele Träume und Möglichkeiten,
doch es werden immer Träume bleiben, wenn man nichts dafür tut.
Tatsächlich hatte Jemima eine Reihe von beruflichen Plänen. Sie
glaubte jedoch, das Ergebnis der Prüfung abwarten zu müssen, ehe
sie anfangen konnte, einige davon in die Tat umzusetzen.

2. Die Erwartungen: Neun der Kelche

Diese Karte kündigt an, dass sich ein Herzenswunsch erfüllen
kann. Jemima war hin und her gerissen zwischen dem Wunsch
nach einem guten Examen und der Sehnsucht, ihren Freund zu
heiraten.

3. Das Unerwartete: Acht der Kelche

Die Acht der Kelche zeigt an, dass man etwas, in das man sehr viel
Zeit und Energie gesteckt hat, hinter sich lässt, weil es nicht funk-
tioniert. Als wir über diese Karte sprachen, stellte Jemima einen
Zusammenhang zu ihrer Beziehung her. Es war ihre erste ernsthafte Beziehung und sie hatte alles dafür getan, doch ihr Freund
schien ihre Bemühungen weder richtig zu schätzen noch seinerseits
etwas für die Beziehung zu tun. Sie konnte sich kaum vorstellen,
sich von diesem Mann abzuwenden, aber sie wusste, dass diese Beziehung nicht ihren Wünschen entsprach.

4. Die unmittelbare Zukunft: Ritter der Kelche

Diese Karte kündigt an, dass sich für Jemima bald die Chance auf
eine neue Liebe und Beziehung ergeben könnte. Sie sollte auch versuchen, ihre eigenen Vorstellungen von der Liebe und einer Beziehung zu entwickeln und zu erforschen, ehe sie wieder eine feste
Bindung einging. Jemima stimmte zu, dass sie vermutlich zu jung
für die Ehe sei, obwohl ihr die Vorstellung sehr gefiel.

5. Die langfristige Zukunft: Zwei der Kelche

Diese Karte steht für eine Beziehung, die auf Freundschaft und
Gleichberechtigung basiert. Die Gegensätze sind im Gleichgewicht, ebenso wie das Geben und Nehmen zwischen den Partnern.

Zusammenfassung

Jemima muss über ihre Träume nachdenken, damit sie sich für
einen davon entscheiden und ihn wahr machen kann (Sieben der
Kelche). Zwar besteht die Chance, dass ein Herzenswunsch in Erfüllung geht (Neun der Kelche), trotzdem sollte sie ihre Beziehung
realistisch sehen (Acht der Kelche). Möglicherweise wird sie schon
bald eine neue Beziehung eingehen (Ritter der Kelche) und lernen,
ehrlicher mit ihren Gefühlen umzugehen. Das kann ihr helfen,
langfristig eine gute Beziehung aufzubauen (Zwei der Kelche).

AS *der* STÄBE

Element: Feuer

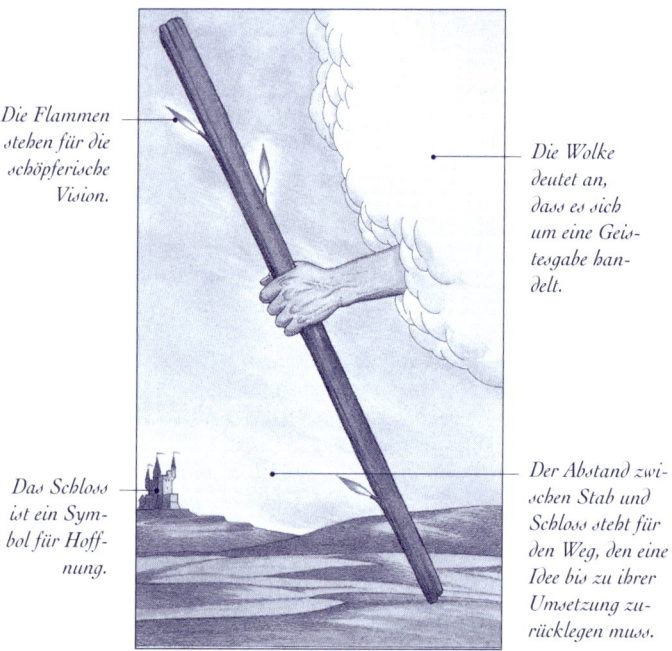

Die Flammen stehen für die schöpferische Vision.

Die Wolke deutet an, dass es sich um eine Geistesgabe handelt.

Das Schloss ist ein Symbol für Hoffnung.

Der Abstand zwischen Stab und Schloss steht für den Weg, den eine Idee bis zu ihrer Umsetzung zurücklegen muss.

THEMA: *Kreative Impulse*

Eine Hand taucht aus den Wolken auf. Der Stab, den sie hält, ist eine Gabe des Himmels. An dem Stab sind drei kleine Flammen zu sehen. Sie symbolisieren das Feuer der Kreativität, der Phantasie und der Vision. Ohne diese drei Funken könnte in der Welt nichts Neues entstehen. Der

Stab ist leicht nach links geneigt, der Seite der Kreativität. Die Landschaft ist offen und frei, der Himmel klar. In der Ferne ist ein Schloss zu sehen, das Versprechen künftiger Erfolge. Zwischen dem Stab und dem Schloss liegt sehr viel Land. Es zeigt den Weg, der zurückgelegt werden muss, bis eine Idee verwirklicht ist.

Deutung

Die Stäbe stehen für Taten, Bewegung und Kreativität. Das As, die Zahl eins, symbolisiert einen Neuanfang. Das As der Stäbe kennzeichnet somit einen Neuanfang voller Energie und Tatendrang. Die Stäbe sind dem rastlosen und abenteuerlustigen Element Feuer zugeordnet, das voller Ideen steckt. Das As der Stäbe offenbart, dass die Zeit für ein neues kreatives Projekt gekommen ist. Dabei kann es sich um künstlerische, aber auch geschäftliche Bemühungen handeln. Was immer es auch ist, stets braucht es den zündenden Funken, der vom As symbolisiert wird.

Das As der Stäbe sorgt für Begeisterung und Optimismus im Überfluss. Dabei sollte man niemals aus den Augen verlieren, dass jede neue Idee liebevoll genährt werden muss, damit sie Früchte trägt. Mit anderen Worten, die Idee ist nicht genug. Es muss eine Verbindung zwischen dem Stab und dem Schloss geschaffen werden.

In einer Legung verrät diese Karte, dass ein neues Vorhaben Ihrer Energie und Ihrem Tatendrang Aufschwung gibt. Bei diesem neuen Projekt könnte es sich sowohl um ein künstlerisches Vorhaben als auch um eine Firmengründung handeln.

ZWEI *der* STÄBE

Element: Feuer

Der rechte Stab steht für die Tat, der linke für Tatenlosigkeit. Die Gestalt in der Mitte gleicht die Extreme aus.

Die zum Wasser hinab führenden Stufen zeigen, dass der Weg vorbestimmt ist.

Salamander sind Feuersymbole.

Umhang und Stiefel weisen auf eine Reise hin.

THEMA: *Der Anfang ist gemacht*

Ein Mann steht auf einer Hafenmauer und blickt aufs Meer hinaus. Das Meer symbolisiert die unbekannten Gewässer, in die wir uns bei jedem neuen Unternehmen hinauswagen. Der Blick auf das Meer löst in uns häufig ein Gefühl von Wunder aus, gepaart mit ein wenig Angst vor dem, was wohl in den Tiefen schlummert. Der Mann hält in jeder Hand einen Stab: Der eine ist leicht nach rechts geneigt, er steht für Tatendrang. Der andere lehnt nach links, er symbolisiert Kreativität. Zusammen sind sie im Gleichgewicht. Der Mann steht am Beginn einer Reise, der Umsetzung der vom As angedeuteten Idee. Nach ausreichender Planung und Vorbereitung kann das Vorhaben nun verwirklicht werden. Die Mauer ist mit zwei Salamandern geschmückt. Diese legendären Echsen, von denen man glaubte, sie lebten im Feuer, erinnern uns an die feurige Natur der Stäbe.

Deutung

Die Zwei der Stäbe ist eine Karte mit zwei Aspekten. Die Idee, die mit dem As der Stäbe entstand, ist nun gespalten. Die Zwei der Stäbe stellt das Gleichgewicht zwischen aktiv und passiv dar. Das Bild dafür ist der Mann, der in jeder Hand einen Stab hält.

Die Hauptaussage dieser Karte besteht darin zu zeigen, dass das volle Potential erst noch ausgeschöpft werden muss. In einer Legung offenbart sie, dass eine Reihe von Entscheidungen und Vorbereitungen getroffen wurden, die Reise selbst aber noch nicht begonnen hat. Die Gestalt steht reisefertig im Umhang auf der Mauer. Die beiden Stäbe stehen für das bereits Erreichte. Der Blick geht zum Horizont und richtet sich auf das, was kommen wird. Diese Karte ist voller Energie und Unternehmungslust, sie drückt Begeisterung und Leidenschaft, aber auch Harmonie aus. Im besten Fall kündigt die Zwei der Stäbe an, dass für das neue Vorhaben ein sicheres Fundament geschaffen wurde. Im schlechtesten Fall warnt sie vor der Neigung, stets zu planen, aber nie den ersten Schritt zu wagen. Mit der Zwei der Stäbe stehen viele Möglichkeiten offen, doch ihr Ausgang ist noch ungewiss.

DREI *der* STÄBE

Element: Feuer

Die Stäbe ste-
cken fest im
Boden und zei-
gen, dass ein
Vorhaben gute
Fortschritte
macht.

Die Pyramiden
stehen für ural-
tes Wissen.

Die Schiffe sym-
bolisieren die
Welt der Phan-
tasie.

Der Salamander
symbolisiert die
Magie des
Feuerelements.

THEMA: *Abschluss der ersten Phase*

E in Mann blickt auf das Wasser hinaus, wo die Schiffe
– seine Ideen – zuversichtlich ihrem Ziel entgegen se-
geln. Die fernen Pyramiden stehen für uraltes Wissen und
Weisheit. Drei Stäbe stecken fest im Boden. Sie stehen für
die bereits erbrachten Leistungen. Der Mann kann sich si-

cher sein, dass seine Vision Wirklichkeit werden wird. Die
kleinen Flammen an den Stäben stehen für eine schöpferische Vision, die niemals erlischt. Noch immer trägt der
Mann Umhang und Stiefel, denn obwohl er schon einiges
erreicht hat, befindet er sich noch am Anfang seiner Reise.
Um ihn herum ist das Land sandig und unfruchtbar. Es
weist zum einen auf die feurige Hitze der Sonne hin, enthüllt zum anderen aber auch, dass noch alles offen ist und
noch nicht alle Möglichkeiten für neue Projekte ausgeschöpft sind.

Deutung

Die Drei ist die Zahl der ersten Vollendung. Die Drei der
Stäbe verdeutlicht, dass die erste Phase eines Unterneh-
mens abgeschlossen ist. Das As der Stäbe legt den Keim für
eine neue Idee, mit der Zwei beginnt die Arbeit daran, die
Drei verheißt schließlich erste Erfolge. In einer Legung
weist die Drei oft auf den Irrtum hin, in einem gesteckten
Ziel das Endergebnis zu sehen. Manchmal erweist sich das
ursprüngliche Ziel nämlich als der wahre Ausgangspunkt.
Die Drei der Stäbe drückt diese Erfahrung aus. Nachdem
die erste Etappe abgeschlossen ist, stellt sich heraus, dass
der Weg noch weit ist und es noch viel zu tun und zu entdecken gibt, ehe das wahre Ende der Reise in Sicht ist.

Diese Erkenntnis kann sowohl enttäuschend als auch
reizvoll sein, je nachdem, wie der Einzelne diese Aussichten
empfindet. Das Element Feuer reagiert positiv auf Inspiration, und manchmal sind die Vorfreude und die Herausforderung reizvoller als das Erreichen des Ziels selbst. Die
Drei der Stäbe bringt zwar befriedigende Ergebnisse, doch
diese bedeuten keinesfalls schon das Ende der Reise.

Vier *der* Stäbe

Element: Feuer

Orangen brauchen viel Sonne und gelten als feurige Frucht.

Die Schmuckgirlanden künden Feierlichkeiten an.

Der Kranz ist ein Erfolgssymbol.

Die vier Stäbe symbolisieren Sicherheit und Stabilität.

THEMA: *Zeit der Ernte*

Die Vier ist die Zahl der Stabilität. Auf dieser Karte tragen die vier fest im Boden verankerten Stäbe – sie zeigen an, dass eine solide Basis vorhanden ist – einen Schmuck aus Früchten und Blumen. Darunter steht eine Gestalt und hält triumphierend einen Kranz in die Höhe.

Es ist derselbe Reisende, der schon auf der Zwei und Drei der Stäbe zu sehen war. Auf der Vier legt er eine Pause ein und genießt das wohlverdiente Lob, bevor er zur nächsten Etappe aufbricht. Die Girlanden künden eine Zeit der Freude und der Belohnungen an. Der Weg zum Schloss, das für das Erreichte und den Erfolg steht, ist nicht mehr weit. Menschen laufen dem Reisenden entgegen, um ihn zu Hause willkommen zu heißen. Der Salamander erinnert uns an die Zuordnung der Stäbe zum Feuerelement.

Deutung

Die Vier der Stäbe ist eine Belohnung. Ein Gefühl wohlverdienten Erfolgs und freudiger Erregung geht von dem fröhlichen Bild aus. In der Deutung künden die über und über mit Früchten geschmückten Girlanden an, dass auf eine Phase harter Arbeit und Mühe nun eine Zeit der Freude und der Anerkennung folgt. Traditionell feiert man nach den arbeitsreichen Wochen, in denen die Ernte eingebracht wird, das Fest des Erntedank.

Die Stäbe sind dem Element Feuer zugeordnet, weshalb die Vier der Stäbe oft den freudigen Augenblick ankündigt, in dem ein kreatives Vorhaben nach den ersten Stadien der Inspiration und der mühevollen Arbeit plötzlich zu einer realistischen Größe wird. Man könnte dies mit dem Augenblick vergleichen, in dem eine Investition erstmals Gewinn abwirft. Die Vier befindet sich noch ziemlich am Anfang der Farbreihe. Nach anfänglichen Erfolgen müssen also weitere Berge erklommen werden. Die Vier der Stäbe erlaubt uns nur eine kurze Zeit der Entspannung und Ruhe, ehe wir die Reise unseres Lebens fortsetzen müssen. Die Karte warnt uns davor, uns zu lange im warmen Licht des Erfolgs zu sonnen.

Fünf der Stäbe

Element: Feuer

Die Flammen an den Stäben symbolisieren die schöpferische Kraft des Feuerelements.

Die gekreuzten Stäbe stehen für Schwierigkeiten und Hindernisse, die unsere Phantasie hemmen.

Der Salamander repräsentiert die kreative Natur der angestrebten Ziele.

THEMA: *Kampf und Frustration*

Im Tarot weist die Fünf allgemein auf Schwierigkeiten und Auseinandersetzungen hin, was die Abbildung mit den fünf kämpfenden Männern gut verdeutlicht. Man sollte jedoch nicht übersehen, dass diese Männer einander offenbar nicht ernsthaft schaden wollen. Sie schwingen kämpferisch ihre Stäbe, aber es wurde kein Blut vergossen, und soweit wird es auch niemals kommen. Das Bild ist aggressiv und strahlt ganz offensichtlich Verärgerung und Irritation, aber keine tödliche Bedrohung aus. Die gekreuzten Stäbe künden eine Zeit kreativer Frustrationen an. Die Männer tragen keine Schuhe und wirken dadurch verletzlich. Das vertraute Symbol des Feuers, der Salamander, erinnert uns daran, dass sich die bevorstehenden Kämpfe auf unsere künstlerische Vision, Inspiration und kreative Ziele beziehen.

Deutung

Mit der Fünf der Stäbe in einer Legung steht Ihnen vermutlich eine Zeit voller Frustration und Ärger gerade im Bezug auf kreative oder künstlerische Vorhaben bevor.

Sie glauben, alles habe sich gegen Sie verschworen. Wie sehr Sie sich auch anstrengen, die grausame Realität steht Ihrer schöpferischen Vision scheinbar immer im Weg. Diese Karte kann für die klassische Schreibhemmung oder andere künstlerische Blockaden stehen; sie verweist auch auf störende Kleinigkeiten, die zwar auf die ganze Angelegenheit kaum Auswirkungen haben, den Einzelnen aber sehr viel Kraft kosten können. Vielleicht lässt sich diese Phase am besten mit dem geflügelten Wort „Einen Schritt vor, zwei zurück" beschreiben.

Wenn diese Karte in einer Legung auftaucht, kommt man weder schnell noch problemlos vorwärts, und auch die Kommunikation am Arbeitsplatz und im Privatleben gestaltet sich schwierig. Die gute Nachricht ist, dass auch diese Phase nicht ewig anhält, und uns diese Reibereien und Frustrationen dazu zwingen, neue und oft bessere Wege zu finden.

SECHS *der* STÄBE

Element: Feuer

Der Lorbeer-
kranz steht für
Erfolg und Sieg.

Die Salamander-
verzierung macht
uns darauf auf-
merksam, dass es
sich um eine krea-
tive Leistung han-
deln könnte.

Die jubelnde
Menge drückt
öffentliche Aner-
kennung für eine
Leistung aus.

THEMA: *Öffentliche Anerkennung und Erfolg*

Im Tarot steht die Zahl Sechs für Harmonie und Balance. Sie offenbart häufig, dass sich ein Kreis geschlossen hat. Die Gestalt hoch zu Ross trägt den Lorbeerkranz des Siegers. In der Hand hält sie einen Stab, der ebenfalls mit einem Kranz aus Früchten und Blättern geschmückt ist. Eine Gruppe loyaler Helfer folgt dem Mann, und auch sie halten ihre Stäbe in einer Geste der Freude und des Triumphs in die Höhe. Es ist ein Bild des Siegs, das ausdrückt, dass die Widrigkeiten zumindest für einige Zeit überwunden sind. Die Flammen an den Stäben und das mit Salamandern geschmückte Zaumzeug des Pferdes erinnern an das Element Feuer. Vermutlich handelt es sich um einen kreativen Erfolg.

Deutung

Die Sechs der Stäbe kündet an, dass der Augenblick der öffentlichen Anerkennung oder des Ruhms gekommen ist. Im Vordergrund steht also nicht so sehr das Gefühl persönlicher Befriedigung, sondern das Lob und die Hochachtung anderer. Nachdem die Öffentlichkeit eine Sache beurteilt und für gut befunden hat, wird diese Teil des öffentlichen Lebens. Ein typisches Beispiel dafür wäre die Veröffentlichung eines Buchs, eines Films oder einer CD. Ebensogut könnte es sich um eine Beförderung am Arbeitsplatz handeln. In diesem Fall werden Ihre Vorgesetzten auf die hohe Qualität Ihrer Arbeit aufmerksam und mehren daraufhin Ihr Ansehen im Betrieb. Bei dieser Karte geht es um öffentliche Anerkennung, nicht um gute Leistungen, die im stillen Kämmerlein erbracht werden.

Die Schwierigkeit liegt bei der Sechs der Stäbe darin, dass öffentliche Anerkennung schnell in öffentliche Kritik umschlagen kann. Berüchtigt ist man ebenso schnell wie berühmt.

SIEBEN *der* STÄBE

Element: Feuer

Die Stäbe
stehen für
schöpferische
Ideen.

Das Bild des
Mannes, der die
Stäbe abwehrt,
deutet auf innere
Konflikte und
Kämpfe hin.

Der Mann
kämpft gegen
seine eigene
Kreativität. Er
braucht also kei-
nen Schutz –
weder Stiefel
noch Umhang.

THEMA: *Harte Konkurrenz*

Die Sieben ist die Zahl der Weisheit. Das Bild zeigt einen Mann, der mit seinem Stab sechs weitere Stäbe abwehrt, die scheinbar aus dem Nichts auf ihn zustürmen. Andere Menschen sind nicht zu sehen. Der Mann ist von den Stäben umzingelt, aber sie berühren ihn nicht. Aus dem

Bild sprechen Kraft und Anstrengung, nicht Gewalt oder wirkliche Angst. Der Mann kämpft gegen seine eigene Kreativität, die er steigern und meistern möchte. Er trägt nur Schuhe, weder Stiefel noch einen Umhang, denn diese Dinge können ihn im Kampf mit seinen eigenen Ideen nicht schützen. Er muss sich selbst ohne Schutz entgegen treten.

Die bekannten Feuersymbole Flammen und Salamander zieren die Karte; sie erinnern uns daran, dass wir uns in der feurigen Welt der Phantasie bewegen. Rot ist die vorherrschende Farbe. Sie macht deutlich, dass es um eine Frage der Kreativität geht.

Deutung

Traditionell steht diese Karte für Konkurrenz und den nötigen Mut, sich ihr zu stellen. Mit der Sechs der Stäbe kamen Erfolg und öffentliche Anerkennung. Die Sieben der Stäbe weist uns den nächsten Schritt, nämlich die Sache in Schwung zu halten.

Nachdem Sie einen Sieg errungen haben, können Sie sich nicht einfach zurücklehnen und entspannen. Nach einem Erfolg oder einer Beförderung wird viel von Ihnen erwartet. Diese Karte offenbart, dass die Zeit reif ist, weiter an den eigenen Leistungen zu arbeiten.

In einer Legung kann sie eine berufliche Veränderung andeuten, die Ihnen sehr viel Stärke und Entschlossenheit abverlangt. Der Mann auf der Karte kämpft allein. Er kämpft ebenso sehr mit sich selbst wie mit äußeren Einflüssen. Die Außenwelt beurteilt ihn lange nicht so hart wie er sich selbst. Diese Karte steht für eine gesunde, kreative Auseinandersetzung, die einen einen großen Schritt weiterbringen kann – wenn man sich nicht zu sehr verzettelt und dabei das große Ziel aus den Augen verliert.

ACHT *der* STÄBE

Element: Feuer

Die Stäbe flie-
gen durch die
Luft, was einen
Richtungs-
wechsel andeutet.

Das Schloss in
der Ferne steht
für Hoffnungen
und Wünsche.

Der Salamander
zeugt von Opti-
mismus und
schöpferischer
Vision.

THEMA: *Aktivität und Abenteuer*

Das Bild zeigt einen Mann, der mit einem Bogen acht Stäbe in den Himmel schießt. Die Haltung des Schützen verrät Kraft und Schwung, die flammenden Stäbe symbolisieren das schöpferische Feuerelement. Die Stäbe fliegen in unterschiedliche Richtungen und zeigen so die Vielfalt der Möglichkeiten. Sie stehen für Inspiration und eine Vielzahl von Ideen. Die offene Landschaft zeigt, dass genügend Raum vorhanden ist, diese Ideen auch zu entwickeln. Das Schloss auf dem Hügel steht für das angestrebte Ziel, auch wenn es sich in weiter Ferne befindet. Die Szene ist voller Aktivität, Optimismus und Begeisterung. Der Salamander symbolisiert das Feuer.

Deutung

In der Acht der Stäbe steckt große Energie und der starke Wunsch nach Entfaltung. Die feurigen Stäbe sind bei der Acht, der Zahl der Erneuerung, ganz in ihrem Element. Die Stäbe, die der Mann mit seinem Bogen in die Luft schießt, künden von neuen Anfängen im geschäftlichen oder kreativen Bereich, von Hoffnungen und Träumen. Die Zeit des Wartens ist vorüber. Jetzt heißt es: „Volle Kraft voraus".

Manchmal ist es sinnvoll, abzuwarten und zu beobachten, aber jetzt ist das nicht der Fall. Wenn sich die Acht der Stäbe auf einem wichtigen Platz in einer Legung befindet, steht eine arbeits- und ertragreiche Zeit voller Aufregung, Reisen, Kommunikation und Abenteuer bevor. Die kreativen Pfeile fliegen schnell und kraftvoll auf das Schloss der Erfüllung zu, und verdunkeln den Himmel mit einer Unzahl von Möglichkeiten und Potential.

In einer Legung kündet diese Karte auch das Ende der Verzögerungen an. Das Glück ist Ihnen hold, es ist Zeit zum Handeln. Die Karte enthält aber auch eine Warnung: Sie kann eine Situation endlosen Strebens beschreiben, das scheinbar niemals ein befriedigendes Ende nimmt. Möglicherweise wird nämlich aus keinem der großen Pläne tatsächlich etwas.

N EUN *der* S TÄBE

Element: Feuer

Die Bandage of-
fenbart, dass Ideen
oder kreative Vi-
sionen Schaden ge-
nommen haben.

Die acht Stäbe
stehen für das
Erreichte.

Der neunte Stab
verteidigt das
Erreichte.

THEMA: *Innere Stärke*

D ie Neun ist die Zahl der Stärke, und das Bild zeigt einen Mann, der offenbar sein Territorium sichert. Der
Feind ist nicht zu sehen. Trotzdem wird deutlich, dass sich
der Mann bedroht fühlt und bereit ist, das, was ihm lieb ist,
zu verteidigen. Wie man sieht, haben seine Visionen Scha-

den genommen, denn sein Kopf, Sitz der Ideen, wurde verletzt. Doch er gibt nicht auf, er hält mutig und entschlossen Stand. Der feurige Salamander erinnert uns ebenso wie die rote Tunika daran, dass vermutlich seine kreativen Vorhaben auf dem Spiel stehen.

Deutung

In einer Legung offenbart die Neun der Stäbe innere Stärke und Entschlossenheit. Vielleicht erscheint die Situation, in der Sie sich befinden, bedrohlich und die Anforderungen sind hoch. Aber Sie verfügen über ausreichende innere Reserven, um den Kampf durchzustehen, auch wenn Selbstzweifel an Ihnen nagen. Die Stäbe besitzen sehr viel Kampfwillen und lassen einen unabhängig davon, wie schwierig oder gefährlich die Situation tatsächlich ist, glauben, dass es immer wert ist, „einen guten Kampf zu liefern".

Diese Karte deutet an, dass Sie sehr viel Stärke und Mut besitzen, von dem Sie in kritischen Situationen zehren können. Gemeint ist hier die innere Stärke, nicht das Vertrauen darauf, dass in schwierigen Zeiten schon Unterstützung von außen kommen wird. Diese Karte weist darauf hin, dass Sie sich mit Hilfe Ihrer Integrität und Ihrer inneren Stärke aus einer schwierigen Lage befreien und Gegnern die Stirn bieten müssen. Vielleicht besteht der wichtigste Hinweis dieser Karte darin, auf die eigene, durch persönliche Erfahrung gewonnene Weisheit zu vertrauen, die bekanntlich die beste ist. In dem Kampf, den diese Karte ankündigt, besteht stets Hoffnung auf den Sieg, egal wie unmöglich die Sache auf den ersten Blick erscheinen mag.

ZEHN *der* STÄBE

Element: Feuer

Die Stäbe sind so gebündelt, dass ihre Last schwerer ist als nötig.

Die Straße verläuft nicht gerade, sondern windet sich der Stadt entgegen.

THEMA: *Drückende Last*

D er Mann auf dieser Karte kämpft mit einem offensichtlich schweren Bündel Stäbe, das er ziemlich un-
geschickt hält. Sein Ziel, die Stadt, ist noch in weiter Ferne, und das Bild verbreitet wenig Fröhlichkeit. Die feurige
Kreativität der Stäbe – wie immer ist der Salamander das

Symbol dafür – ist drückend geworden. Die Stäbe haben keinen Spielraum, keinen Abstand zueinander. Stattdessen sind sie zu einer großen und schweren Last gebündelt.

In der Zehn ist das sonst so lebhafte Temperament der Stäbe gedämpft. Wenn Sie sich das Bild genau ansehen, werden Sie erkennen, dass der Mann sein Bündel nicht so tragen müsste. Doch er entscheidet sich dafür, sie so zu tragen, dass er den Weg nicht sehen kann.

Deutung

Die Zehn der Stäbe verkörpert die negative Seite des Elements Feuer: das Wunschdenken, dass weder Grenzen noch Einschränkungen bestehen mögen. Die feurigen Stäbe glauben gern, sie können ohne nachteilige Folgen tun und lassen, was sie wollen. Die Zehn der Stäbe zeigt jedoch bildhaft, was passieren kann, wenn man den Bogen überspannt. Der Mann auf dem Bild ist unter seiner Last gefangen, doch nichts lässt darauf schließen, dass er gezwungen wäre, sie gerade auf diese Weise zu tragen.

Ein Beispiel für die Deutung dieser Karte ist der Künstler, der voller Begeisterung viele Aufträge annimmt und dann feststellen muss, dass er körperlich nicht in der Lage ist, sie auszuführen. Sein Schaffensdrang übersteigt seine körperlichen Kräfte. Diese Karte lässt vermuten, dass die Freude am kreativen Schaffen mit der Realität in Konflikt geraten ist. Die Arbeit ist nicht mehr aufregend oder angenehm, sondern mühsam und beschwerlich. Natürlich gibt es auch dafür eine Lösung, doch sie lässt sich nicht herbeizaubern, wie es den feurigen Stäben am liebsten wäre. Im Gegenteil, die Lösung besteht darin, sich Zeit zu nehmen, das Bündel abzulegen und dann ganz langsam einen besseren Weg zu finden, um es in die Stadt zu tragen.

BUBE *der* STÄBE

Element: Feuer

Der Stab ist nach links geneigt, der Seite der Kreativität.

Die rechte Hand steht für die Tat.

Das Feuersymbol Salamander ist nahe am Herzen des Knaben.

Die Sonnen auf der Tunika des Knaben stehen für das Feuer.

THEMA: *Ein Botschafter bringt kreative Ideen*

Die Buben werden immer als Jünglinge dargestellt, da sie die Eigenschaften einer Serie in ihrer einfachsten Ausprägung verkörpern. Der Bube der Stäbe steht stolz und optimistisch in der sonnendurchfluteten Landschaft, die auf das Feuerelement der Stäbe hinweist. In der rechten

Hand, der Hand der Tat, hält er einen nach links, zur Seite der Kreativität, geneigten Stab und vereinigt so Kreativität und Tatkraft in sich. Seine Tunika ist mit Sonnen, einem Feuersymbol, bestickt; den Saum schmückt eine Borte aus Salamandern, den legendären Echsen, die in den Flammen leben. Der Harnisch ist ebenfalls mit einem großen Salamander verziert. Die lange Feder an seinem Hut steht für die Wahrheit. Der junge Mann blickt aufrecht stehend zum Horizont. Im Tarot dienen die Buben als Botschafter, die Neuigkeiten verbreiten und Informationen überbringen.

Deutung

Der Bube der Stäbe wird als Jüngling dargestellt, da er für Vorhaben steht, die noch ganz am Anfang stehen. Kinder sind geradezu ansteckend offen, ungehemmt und neugierig. Auf ähnliche Weise inspiriert der Bube der Stäbe alle, deren Weg er kreuzt. Allen Buben wohnt ein großes Potential inne, aber wie alles Junge und Zerbrechliche muss es gehegt und gepflegt werden. Die Stäbe stehen für die Vorstellungskraft, das kreative Denken. Der Bube der Stäbe offenbart, dass etwas Neues keimt.

Wenn sich der Bube der Stäbe in einer Legung findet, begegnen Sie möglicherweise einem Menschen, der Sie zu kreativen Vorhaben inspiriert. Vielleicht lesen oder lernen Sie auch etwas, das Ihre Phantasie anregt und Ihren künstlerischen Ausdruck fördert. Zwar hat das As eine stärkere Wirkung, doch auch der Bube steht für den ersten Funken von Interesse, die Flamme, aus der, wenn sie genährt wird, ein großes Feuer werden kann. Das Sprichwort: „Aus kleinen Eicheln werden große Bäume" trifft die Bedeutung der Buben genau. So kann sich eine scheinbar unbedeutende Idee zu einem Bestsellerroman oder einem Kinohit entwickeln.

RITTER *der* STÄBE

Element: Feuer

Die Feder steht für die Suche nach der Wahrheit.

Die Sonne symbolisiert die Wärme des Feuers.

Das Feuersymbol Salamander ziert das Zaumzeug des Pferdes.

Die Pyramiden stehen für das Wissen.

THEMA: *Energie und Tatkraft*

Der Ritter der Stäbe, das ist Geschwindigkeit, Bewegung und Leben. Im Galopp reitet er über die Ebene unter der glühenden Sonne. Die Hufe seines Pferdes berühren den Boden kaum. Die Karte gibt zahlreiche Hinweise auf die feurige Natur der Stäbe: Das Futter des Umhangs ist mit strahlenden Sonnen verziert, gestickte Salamander schmücken das Zaumzeug des Pferdes. Am Helm steckt eine große rote Feder. Das ganze Bild strahlt Energie und Enthusiasmus aus. Die fernen Pyramiden stehen für alte Weisheiten, die der Ritter auf der Suche nach neuem Wissen hinter sich lässt. Er hält seinen flammenden Stab, das Symbol der Phantasie, seines höchsten Gutes, in die Höhe. Wie alle Ritter ist er auf der Suche nach Abenteuern.

Deutung

Der Ritter der Stäbe ist herrlich extravagant. Er ist von Natur aus ein Abenteurer und besitzt eine starke Intuition, eine lebhafte Phantasie und die Fähigkeit, aus dem Normalen das Besondere zu machen.

In einer Legung löst er gewöhnlich innere oder äußere Veränderungen aus – manchmal beides. Wenn der Ritter der Stäbe die Begegnung mit einem Menschen ankündigt, wird es sich um einen impulsiven, überschäumenden Charakter mit sehr viel Kreativität und Selbstvertrauen handeln. Vermutlich besitzt er so viel Selbstvertrauen, dass ihm der Gedanke, er könne scheitern, gar nicht kommt. So geht er ohne mit der Wimper zu zucken große Risiken ein. Diese positive Haltung macht ihn höchst erfolgreich; und falls der Erfolg ausbleibt, rappelt er sich schnell wieder auf. Der Ritter der Stäbe ist dem Tierkreiszeichen Schütze zugeordnet, das ebenfalls stets auf der Suche nach Wissen ist. Wenn der Ritter einen Aspekt Ihrer Persönlichkeit darstellt, müssen Sie vielleicht etwas von seinem feurigen Optimismus und seiner Begeisterung entwickeln und dem Leben mit einem Lächeln begegnen. Falls es sich um ein Ereignis handelt, ist häufig ein Wechsel der Wohnung, des Arbeitsplatzes oder gar des Landes damit verbunden.

KÖNIGIN *der* STÄBE

Element: Feuer

Der Stab in
der rechten
Hand ist ein
Zeichen ihrer
Macht.

Die Katze verrät
Verbundenheit
mit dem eigenen
Heim.

Der Thron
verrät ihre ge-
sellschaftliche
Stellung.

Die Sonnen-
blume ist ein
Symbol ihrer
Weiblichkeit.

Der Löwe ist
dem feurigen
Sternzeichen
Löwe zugeordnet.

THEMA: *Großzügigkeit und Stärke*

Die Königin der Stäbe sitzt auf einem mit Feuersymbolen
reich verzierten Thron. Zwei Löwenfiguren – sie stehen
für das Sternzeichen Löwe – bilden die Armlehnen. Die Rü-
ckenlehne ist mit Flammen und Salamandern geschmückt.
Zu Füßen der Königin sitzt eine Katze. Sie symbolisiert das

häusliche Leben, denn diese Königin vereint Privatleben und gesellschaftliche Stellung. In der einen Hand hält sie eine Sonnenblume, das Symbol des Feuers. Der Stab in ihrer anderen Hand offenbart ihre königliche Macht.

Deutung

Die Königin der Stäbe ist eine erstaunliche Mischung aus feuriger Begeisterung, Optimismus und Ehrgeiz. Sie hegt den tiefen Wunsch nach Beziehungen und einem befriedigenden Familienleben. Die Risikobereitschaft des Ritters der Stäbe fehlt ihr. Sie spielt nur, wenn sie weiß, dass sie gewinnt. Das Verlieren fällt ihr schwerer als dem Ritter, und so lotet sie ihre Grenzen aus und geht nicht darüber hinaus.

Die Königin der Stäbe ist dem Tierkreiszeichen Löwe zugeordnet. Der Löwe ist sowohl ein Feuer- als auch ein fixes Zeichen, weshalb in der Königin ein Gefühl der Einschränkung spürbar wird, das bei Ritter (Schütze) und König (Widder) fehlt.

In einer Legung kann die Königin der Stäbe eine Person ankündigen, die sich auf mehrere Lebensbereiche gleichzeitig konzentriert. Sie ist für die Familie verfügbar, hat im Beruf Einfluss und Erfolg, und ist an kreativen oder künstlerischen Vorhaben interessiert. Steht diese Karte für Persönlichkeitsaspekte, die es zu entwickeln gilt, könnten diese Vielseitigkeit und Kreativität einschließen. Die Königin der Stäbe ist eine großzügige Freundin und gerne bereit, ihr Glück mit anderen zu teilen. Sie ist loyal, man kann sich auf sie verlassen, doch Dummheit kann sie nicht ertragen und sie wird ungeduldig, wenn sie sich benutzt fühlt. Sie genießt Bewunderung und steht gerne im Mittelpunkt. Falls sie ein Ereignis ankündigt, handelt es sich wahrscheinlich um einen Glücksfall, den man sofort beim Schopf packen sollte.

KÖNIG *der* STÄBE

Element: Feuer

Die Salamander verraten eine feurige Phantasie.

Auch die Löwen verweisen auf das Element Feuer.

Die Widder stehen für das gleichnamige Sternzeichen.

THEMA: *Charismatische Führungspersönlichkeit*

Der König der Stäbe sitzt auf einem Thron, der mit Löwen und Salamandern verziert ist. Die Armlehnen haben die Form von Widdern, den Tieren des Sternzeichens, das dem König der Stäbe zugeordnet ist. Der König hat einen Fuß nach vorne geschoben, als wolle er jeden Augenblick aufspringen und etwas tun. Seinen Stab benutzt er nicht als Symbol seiner Macht und Majestät, sondern vor allem, um besser vorwärts zu kommen. Seine Robe ist mit Salamandern übersät, die Phantasie und Dramatik symbolisieren.

Deutung

Der König der Stäbe ist ein unruhiger und ungeduldiger Geist, der alles ausprobieren möchte, was das Leben zu bieten hat. Er ist der geborene Führer. Nicht so sehr, weil es ihn nach Macht dürstet, sondern weil seine Visionen andere begeistern und mitreißen. Die Menschen sind von seiner positiven Einstellung angezogen. Doch er ist auch wankelmütig und schnell gereizt, wenn etwas nicht nach seinem Kopf geht. Und er ist ein schlechter Verlierer.

Der König der Stäbe ist sehr ehrgeizig. Sein größtes Talent besteht darin, andere zu ermuntern; er gibt einen hervorragenden Geschäftsmann oder Politiker ab, glaubt uneingeschränkt an sich selbst und geht davon aus, dass ihm die anderen schon folgen werden. Sein großes Selbstvertrauen flößt Vertrauen ein, so dass er gewöhnlich von einer Reihe von Bewunderern umgeben ist. Allerdings werden die meisten nicht lange an seinem Hof bleiben, denn genau wie viele Widder langweilt sich der König der Stäbe schnell und übernimmt nur ungern die Verantwortung für die Erwartungen anderer.

In einer Legung könnte diese Karte die Begegnung mit einem solchen Menschen vorhersagen. Vielleicht sollen Sie aber auch ähnliche „Macher"-Qualitäten, Selbstvertrauen und eine positive Haltung entwickeln, mehr Risiken eingehen oder Veränderungen wagen. Auf der Ereignisebene könnte diese Karte den Abschluss eines künstlerischen oder kreativen Projektes ankündigen.

Beispieldeutung Stäbe

E in 45-jähriger Geschäftsmann namens George suchte mich auf, weil er wissen wollte, wie groß seine Chancen auf beruflichen Erfolg waren. Er zog die folgenden fünf Stabkarten:

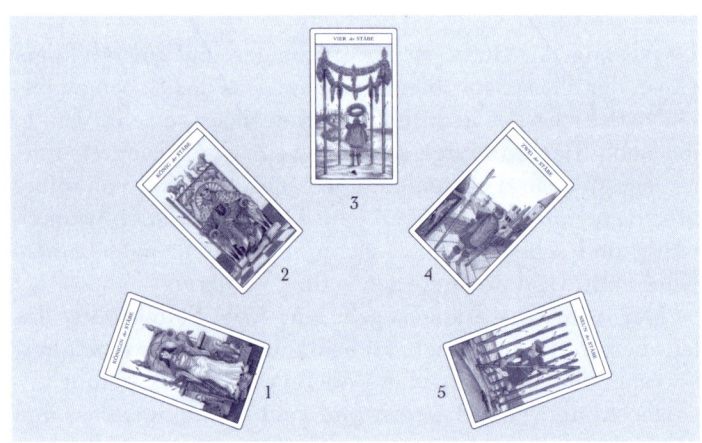

1. Die Ausgangssituation: Königin der Stäbe

Diese Karte steht für einen Menschen, der mehrere Projekte gleichzeitig am Laufen hält und sich darüber hinaus dem Privatleben und der Familie widmet. George erzählte mir, dass er selbständig ist und mehrere Firmen managt. Er hat eine Frau und drei Kinder, die er auf keinen Fall vernachlässigen möchte.

2. Die Erwartungen: König der Stäbe

Diese feurige Karte steht für einen Menschen, der gern andere mit seinen Ideen inspiriert. Der König der Stäbe kann auch ein Geschäftsmann sein. Dies traf auf George am ehesten zu, da er derzeit versuchte, in einer großen Firma einige seiner Ideen umzusetzen.

Die Verhandlungen liefen, aber der Abschluss stand noch aus. Bei dem Enthusiasmus und der Energie, die von dieser Karte ausgehen, stehen die Verhandlungen jedoch unter guten Vorzeichen.

3. Das Unerwartete: Vier der Stäbe

Die Vier der Stäbe weist darauf hin, dass harte Arbeit belohnt wird. An dieser Stelle schien die Karte den erfolgreichen Ausgang von Georges Geschäft anzukündigen. Die Vier der Stäbe bedeutet aber auch, dass im Anschluss an die Jubelfeier noch mehr harte Arbeit auf George warten würde.

4. Die unmittelbare Zukunft: Zwei der Stäbe

Diese Karte kündet den Beginn einer Reise an. George selbst hatte das Gefühl, die Karte wolle ihm sagen, dass der ersehnte Abschluss für ihn erst der Anfang einer langen Reise sei.

5. Die langfristige Zukunft: Neun der Stäbe

Die Neun der Stäbe warnt vor einer schwierigen Zeit, erinnert aber auch daran, dass genügend Kraftreserven vorhanden sind. George stimmte zu, dass es verhältnismäßig leicht sei, einen Vertrag abzuschließen, aber sehr viel mehr Zeit und Energie koste, ein begonnenes Projekt am Laufen zu halten.

Zusammenfassung

Wenn George im Beruf vorankommen will, muss er flexibel und vielseitig sein (Königin der Stäbe), und seine Ideen mit Enthusiasmus und Optimismus zum Leben erwecken (König der Stäbe). Wenn ihm das gelingt, kann er die auf diese Weise errungenen Erfolge für kurze Zeit genießen (Vier der Stäbe), ehe es Zeit für ihn wird, zu einer Reise ins Ungewisse aufzubrechen (Zwei der Stäbe), die sein bis zu diesem Zeitpunkt erworbenes Wissen auf die Probe stellt (Neun der Stäbe). Diese Reise verlangt ihm einiges ab, doch George verfügt über genug innere Stärke und Kraftreserven, um die Prüfungen zu überstehen.

AS *der* SCHWERTER

Element: Luft

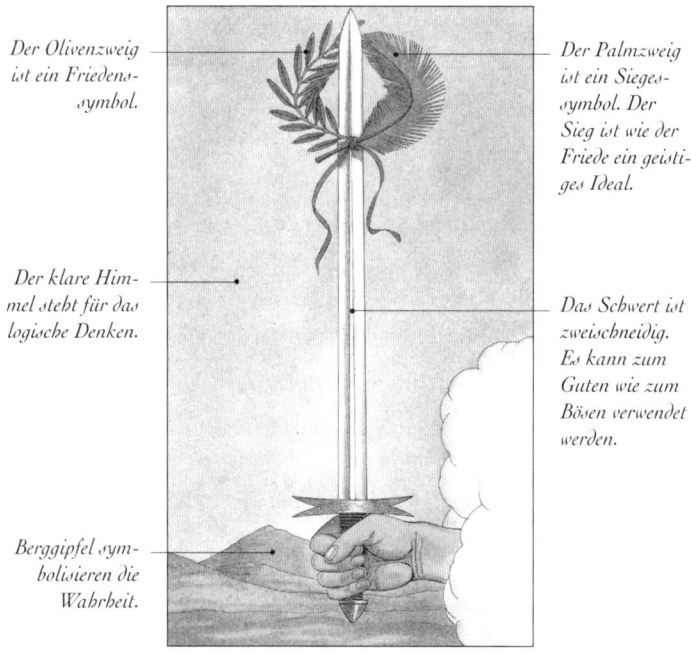

Der Olivenzweig
ist ein Friedens-
symbol.

Der klare Him-
mel steht für das
logische Denken.

Berggipfel sym-
bolisieren die
Wahrheit.

Der Palmzweig
ist ein Sieges-
symbol. Der
Sieg ist wie der
Friede ein geisti-
ges Ideal.

Das Schwert ist
zweischneidig.
Es kann zum
Guten wie zum
Bösen verwendet
werden.

THEMA: *Änderung der alten Ordnung*

Das As der Schwerter zeigt ein aufgerichtetes Schwert, das Zeichen der Wahrheit. Es ist von einem Kranz aus einem Olivenzweig, dem Symbol des Friedens, und einem Palmzweig, dem Symbol für den Sieg, umgeben. Der Kranz selbst steht für gute Leistungen und Erfolge. Die

Hand mit dem Schwert erscheint aus den Wolken auf der rechten Seite der Karte, der Seite der Tat. Das Schwert ist zweischneidig, es kann also zum Guten wie zum Schlechten verwendet werden, was es zu einem mächtigen Instrument macht. Der klare blaue Himmel steht für das Element Luft, dem die Schwerter zugeordnet sind. Die schlichten Bergspitzen offenbaren die Suche nach der Wahrheit und machen deutlich, dass unser Denken stets nach Perfektion und logischem Verständnis strebt.

Deutung

Das As der Schwerter ist eine mächtige Karte. Wie die anderen Asse kündigt es einen dramatischen Neubeginn an. Die Schwerter stehen für neue Herausforderungen, und in diesem Zusammenhang deutet das As möglicherweise auf eine interessante Veränderung der Umstände hin. Traditionell bedeutet diese Karte, dass sich eine vermeintlich schlechte Sache zum Guten wendet.

Wenn sich das As der Schwerter in einer Legung befindet, kann es der Vorbote umwälzender Veränderungen sein, die störend, aber oft unumgänglich sind. Dabei darf man nicht vergessen, dass das Chaos etwas Gutes hervorbringen kann. Eine Angelegenheit sieht vielleicht anfangs schlecht oder ungünstig aus. Schließlich stellt sich aber heraus, dass diese Entwicklung ein Segen war.

Alle Schwertkarten sind dem Verstand zugeordnet, der nach Wahrheit und Gerechtigkeit strebt. Sie gehören zum Element Luft. Das Luftelement verkörpert die Fähigkeit zu denken und zu begreifen, die nur der Mensch besitzt. Diese Fähigkeit macht das Leben interessanter, aber nicht unbedingt leichter.

ZWEI *der* SCHWERTER

Element: Luft

Die Augenbinde
steht für das
vorsätzliche Ver-
schleiern der
Wahrheit.

Die gekreuzten
Schwerter sollen
vor schmerzli-
chen Gefühlen
schützen.

Der zunehmen-
de Mond offen-
bart eine wach-
sende Anspan-
nung.

Die Berge und
Felsen stehen
für die raue
Wirklichkeit.

Das Meer
verrät einen
Aufruhr der
Gefühle.

THEMA: *Anspannung und Angst*

D ie Zwei der Schwerter zeigt eine Frau mit verbundenen
Augen, die dem unruhigen Meer den Rücken zukehrt.
Sie hält zwei große Schwerter über der Brust gekreuzt. Offenbar versucht sie so, sich von ihren Gefühlen abzuschnei-
den. Auch die Augenbinde hat sie sich selbst angelegt, um

nichts sehen zu müssen. Dem aufgewühlten Meer der Gefühle wendet sie den Rücken zu, doch auch dadurch kann sie nicht verhindern, dass Berge und kalte Felsen, die raue Wirklichkeit, auftauchen. Die Schwerter sehen schwer aus, sind aber vollkommen im Gleichgewicht. Von dem ganzen Bild gehen Angst und Anspannung aus. Der zunehmende Mond offenbart wachsende Spannung, und die steife Brise im Hintergrund erinnert an das Element Luft.

Deutung

Die Zwei ist die Zahl der Gegensätze, die im Gleichgewicht sein müssen. In der Reihe der Schwertkarten, die für die Herausforderungen des Lebens stehen, verrät die Zwei den Wunsch, sich vor schwierigen Entscheidungen zu drücken. Vermutlich befindet sich der Ratsuchende in einer Konfliktsituation, möchte einer offenen Auseinandersetzung aber aus dem Weg gehen. Er hofft möglicherweise, die Schwierigkeiten würden verschwinden, wenn er ihnen keine Beachtung schenkt. Das Bild macht deutlich, dass sehr viel Mühe darauf verwendet wird, die Augen vor den unangenehmen Tatsachen zu verschließen: Die Frau hat dem Problem den Rücken zugewandt und hält die Schwerter über dem Herzen gekreuzt, um sich vor schmerzlichen Gefühlen zu schützen. Ihre Augen sind verbunden, damit sie die Wahrheit nicht sehen muss. Doch die in dem Bild spürbare Anspannung macht klar, dass der Versuch, sich vor der Wirklichkeit zu verstecken, zum Scheitern verurteilt ist.

In einer Legung will Ihnen diese Karte sagen, dass Sie zum Kern der Auseinandersetzung vorstoßen müssen. Wenn Sie die Angelegenheit offen ansprechen und den Ängsten ehrlich gegenüber treten, rückt die Lösung in den Bereich des Möglichen.

DREI *der* SCHWERTER

Element: Luft

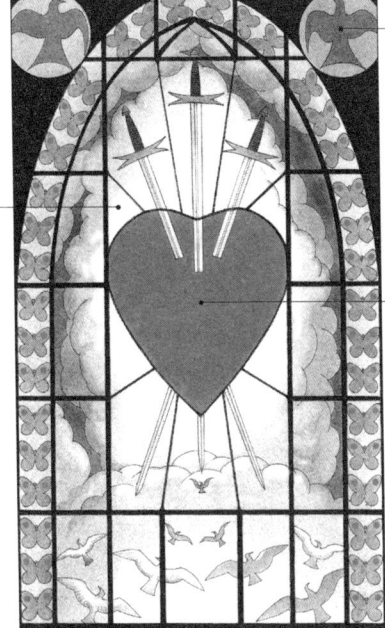

Die Taube ist
ein Symbol für
Frieden und
Heilung.

Der Lichtschein
gibt Hoffnung.

Das von den
Schwertern
durchbohrte
Herz steht für
großen Kum-
mer.

THEMA: *Nachlassende Spannung*

Die Drei der Schwerter zeigt ein Glasfenster mit einem
von drei Schwertern durchbohrten Herzen. Sturmwolken in verschiedenen Blau- und Violettschattierungen
füllen das Fensterbild aus. Sie weisen auf drohenden Kummer oder Schmerz hin. Die Vögel und Schmetterlinge im

unteren Teil und am Rand des Fensters ordnen die Drei der
Schwerter dem Element Luft zu. Der Lichtschein, der das
Herz in der Bildmitte umgibt, schenkt wie eine brennende
Kerze Hoffnung im Dunkel. Die Tauben in den oberen
Fensterecken stehen für Frieden und Heilung.

Deutung

Die Drei der Schwerter ist ganz klar ein Vorbote von Kummer und Schmerz. Das Bild des von drei Schwertern
durchbohrten Herzens lässt der Phantasie bei der Interpre-
tation dieser Karte kaum Spielraum. Wir wissen alle, dass
Kummer unausweichlich zum Leben gehört, aber wir wissen auch, dass die Zeit die Wunden heilt, selbst wenn der
Schmerz im ersten Augenblick unerträglich scheint. Das
wundervolle Glasfenster mit dem verletzten Herzen strahlt
Frieden und Ruhe aus. Rachel Pollack, Tarot-Expertin und
Autorin, meint, dass man wahrem Kummer nur auf
eine einzige Art begegnen kann – indem wir den Schmerz
in unser Herz einlassen, ihn annehmen und überwinden.
Manchmal müssen Dinge enden oder sich verändern. Die
Drei der Schwerter drückt den Schmerz aus, den ein sol-
ches Ereignis mit sich bringt.

In einer Legung kündet diese Karte Trauer, Enttäuschung oder eine Auseinandersetzung an. Sie sorgt aber
auch für das grundlegende Verständnis, dass dies unvermeidlich, vielleicht sogar notwendig ist. Nach der Spannung der Zwei der Schwerter kommt mit der Drei die Lösung. Ich weiß, es ist leicht dahingesagt, wenn jemand leidet, aber Freude und Schmerz haben dieselbe Quelle und
liegen stets nah beieinander.

VIER *der* SCHWERTER

Element: Luft

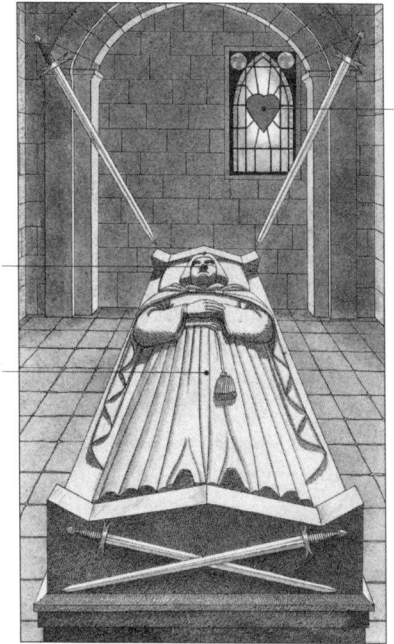

Ruhig und
friedlich liegt die
Person da. Sie
ist nicht tot,
sondern schläft
nur.

Die blaue Klei-
dung verweist
auf das Element
Luft.

Das Bild des
Kummers, die
Drei der
Schwerter, ist in
den Hinter-
grund getreten.
Der Heilungs-
prozess hat be-
gonnen.

THEMA: *Erholung und Genesung*

Das Bild auf der Vier der Schwerter zeigt eine Krypta mit einem steinernen Sarkophag, der mit zwei aus dem Stein gehauenen Schwertern geschmückt ist. Zwei weitere Schwerter zeigen auf die blau gekleidete Gestalt, die schlafend auf dem Sarkophag liegt. Sie liegt auf dem

Rücken, die Augen sind geschlossen, die Hände über der Brust gefaltet. In der rechten oberen Bildecke befindet sich das Glasfenster mit dem roten Herzen von der Drei der Schwerter, aber ohne die Schwerter. Auf dem Bild herrscht die Farbe grauen Steins vor. Es ist kein Bild des Todes, sondern der Ruhe.

Deutung

Die Vier ist die Zahl der Stabilität, und bei den Schwertkarten, die so oft Herausforderungen oder Kämpfe ankündigen, ist sie der Vorbote einer Zeit der Genesung und der Erholung. Nach dem Kummer, der mit der Drei der Schwerter kam, bringt die Vier Ruhe und Heilung. In einer Legung zeigt sie, dass eine Zeit der emotionalen Belastung oder des Schmerzes von Entspannung gefolgt wird. Andererseits kann sie auch darauf hinweisen, dass man sich nach einer Krankheit noch Schonung gönnen sollte. In unserer hektischen, nervenaufreibenden Welt unterschätzen wir gerne, wie wichtig es ist, sich nach Phasen intensiver Arbeit zu entspannen oder von einer Krankheit völlig zu erholen.

Die regungslose Gestalt auf der Vier der Schwerter strahlt vollkommene Ruhe aus. Das Bild wirkt vielleicht etwas kalt, steht aber nicht für den Tod, sondern für Ruhe und friedvollen Schlaf. Körper und Geist brauchten gelegentliche Phasen absoluter Ruhe, um geistig, körperlich oder emotional wieder aufzutanken. So schaffen sie Kraftreserven für die nächste Herausforderung. Wenn die Vier der Schwerter in einer Legung vorkommt, wird es Zeit für eine solche Ruhephase.

FÜNF *der* SCHWERTER

Element: Luft

Der Mann hat gesiegt und hält seine Schwerter triumphierend in die Höhe.

Im Hintergrund verdunkelt sich der Himmel bedrohlich.

Die Vögel stehen für das Element Luft.

Die Besiegten lassen traurig die Köpfe hängen.

THEMA: *Die Anerkennung der Grenzen von Sieg und Niederlage*

Auf der Fünf der Schwerter ist im Vordergrund ein Mann zu sehen, der drei Schwerter in einer Geste des Triumphs in die Höhe hält. Zwei weitere Schwerter liegen gekreuzt zu seinen Füßen. Hinter ihm schleichen mit eingezogenen Köpfen zwei Männer davon. Man kann ihnen ihre

Scham und ihre Niederlage ansehen. Sie haben dem Sieger ihre Schwerter überlassen und gehen auf die unruhige See und den stürmischen Himmel zu. Vor den dunklen Wolken zeichnen sich Vögel ab. Sie sind ein Hinweis auf das Luftelement.

Deutung

Im Tarot steht die Fünf immer für Spannungen und Schwierigkeiten. Bei der Fünf der Schwerter zeigt sich diese Spannung in einem Bild, das Sieg und Niederlage in sich vereint. Beides enthält eine deutliche Warnung. Diese Karte warnt sowohl vor Täuschung und Verrat als auch vor Arroganz nach dem Sieg. Der Mann im Vordergrund hat zwei Gegner besiegt. Ihnen bleibt nur, dem Sieger ihre Waffen zu überlassen und zu gehen.

Wenn diese Karte in einem Legemuster vorkommt, könnte es sein, dass Sie sich an etwas heranwagen, das eine Nummer zu groß für Sie ist. Egal, ob es sich dabei um eine berufliche oder eine private Angelegenheit handelt: Das Beste, was Sie in einem solchen Fall tun können, ist, die eigene Stärke und die Ihres Gegners objektiv einzuschätzen. Sollte sich Ihr Gegner als sehr viel stärker erweisen, wenden Sie sich einfach ab. Wenn Sie klug genug sind, die Stärke Ihres Gegners und Ihre eigene Schwäche zu erkennen, werden Sie wenigstens nicht in aussichtslose Kämpfe verwickelt. Die Hauptaussage dieser Karte lautet: Lassen Sie die Finger von Dingen, von denen Sie insgeheim wissen, dass Sie ihnen nicht gewachsen sind. Seien Sie notfalls bereit, Ihren Stolz hinunterzuschlucken.

SECHS *der* SCHWERTER

Element: Luft

Die Schmetterlinge stehen für das Element Luft.

Der schwarze Stab verdeutlicht das verborgene Potenzial.

Das ruhige Wasser kündet ruhigere Zeiten an.

Die dunkelblauen und schwarzen Schals stehen für das Luftelement.

Die raue See steht für die aktuellen Schwierigkeiten.

THEMA: *Den Kampf hinter sich lassen*

Die Sechs der Schwerter zeigt einen mit einem Umhang bekleideten Fährmann, der zwei Personen über einen großen See zum hügeligen, fernen Ufer fährt. Der dunkelblaue und der schwarze Schal der Passagiere verweisen auf das Element Luft. Beide Passagiere sehen sich ängstlich um, denn das Wasser ist aufgewühlt und trügerisch. Doch vor ihnen ist der See ruhig. Sechs Schwerter stehen mit der Spitze nach unten im Boot: drei hinter dem Fährmann, drei vor ihm und seinen Passagieren. Offensichtlich sind die Schwerter nicht zu schwer für das Boot, was darauf schlie-ßen lässt, dass auch die Schwierigkeiten nicht unüberwind-bar sind. Der lange schwarze Stab des Fährmanns offen-bart das verborgene Potential. Der Fährmann trägt eine graue Tunika und ein blaues Hemd, und auch diese Farben spiegeln das Element Luft. Der Himmel über dem Boot ist klar und die Schmetterlinge machen erneut die Verbindung zwischen den Schwertern und dem Luftelement deutlich.

Deutung

Die Sechs ist die Zahl der Harmonie. Bei den Schwertkar-ten, die oft genug Schwierigkeiten bringen, kündet sie an, dass wir unruhige Gewässer und schwierige Zeiten hinter uns lassen. Wie die ruhige See vor dem Boot zeigt, geht es friedlicheren Zeiten entgegen. In einer Legung bedeutet die Sechs der Schwerter, dass Sie sich von einer schwierigen Situation oder Beziehung abwenden. Das kann zum einen wörtlich gemeint sein, nämlich dass Sie umziehen, den Ar-beitsplatz wechseln oder sogar auswandern. Vielleicht set-zen Sie sich aber auch geistig mit der Angelegenheit ausei-nander und lösen so die Schwierigkeiten, in denen Sie ste-cken. Die Sechs der Schwerter ist insofern ermutigend, als sie verspricht, dass nach dem Sturm am anderen Ufer Ru-he herrscht, selbst wenn Sie derzeit glauben, von Ihrer Ver-antwortung erdrückt zu werden.

SIEBEN *der* SCHWERTER

Element: Luft

Die Wolken am Himmel zeigen, dass eine Situation nicht vollständig geklärt ist.

Der Mann hat einen Ausdruck im Gesicht, als schleiche er sich ohne Erlaubnis davon.

Der Vogel auf der Fahne steht für das Element Luft.

THEMA: *Diplomatie statt Gewalt*

Der Mann auf der Sieben der Schwerter versucht, sich heimlich aus einem Militärlager wegzustehlen. Die sieben Schwerter hält er vorsichtig in beiden Armen. Offenbar bleibt sein Weggang unbemerkt, denn sein Gesichtsausdruck spiegelt Ruhe und Zufriedenheit. Die Wimpel, die über den Zelten im Wind wehen, sind mit Vogelmotiven geschmückt und stellen die Verbindung zwischen den Schwertern und dem Element Luft her. Am Himmel sind kleine weiße Wolken zu sehen, und auch sie verweisen auf die Verbindung der Schwerter zum Luftelement. Die ganze Szene offenbart, dass es sich nicht um einen spontanen Impuls, sondern um eine geplante Aktion handelt, die sorgfältig durchdacht und ausgeführt wurde.

Deutung

Die Sieben der Schwerter ist eine zweideutige Karte. Einerseits weist sie auf eine heimliche, verstohlene, ja sogar hinterhältige Tat hin; gleichzeitig offenbart sie aber auch Taktgefühl und Verschwiegenheit. Im positiven Sinne ist die Sieben der Schwerter eine Warnung, sich nicht zu früh in die Karten sehen zu lassen. Sie rät stattdessen, vorsichtig und diplomatisch vorzugehen. Vielleicht haben Sie ja eine Idee, die sich zu einem höchst gefragten Produkt entwickeln könnte. In diesem Fall wäre es unklug, darüber zu sprechen, ehe Sie Ihre Idee mit einem Copyright geschützt haben.

Mit der Sieben der Schwerter in einer Legung sollten Sie sich davor hüten, zu offen über Ihre Absichten oder Gefühle zu sprechen. Es könnte sich nachteilig auswirken. Die weniger erfreuliche Interpretationsmöglichkeit dieser Karte spielt darauf an, dass Sie etwas Unehrenhaftes oder gar zutiefst Unehrliches vorhaben. In diesem Fall warnt die Karte vor den Folgen, wenn Sie dabei ertappt werden sollten.

ACHT *der* SCHWERTER

Element: Luft

Die Augenbinde zeigt die Unfähigkeit, die Wahrheit zu erkennen.

Das Seil fesselt nur die Arme der Frau. Ihre Beine sind frei, sodass sie entkommen könnte.

Der einzelne Vogel steht für die Wahrheit.

Die Frau ist von den Schwertern umgeben, aber es ist genügend Raum dazwischen, um eine Flucht zu ermöglichen.

THEMA: *Schwierigkeiten, von Einschränkungen frei zu werden*

Die Acht der Schwerter zeigt eine Frau mit verbundenen Augen. Um sie herum stecken acht Schwerter im schlammigen Boden. Die Augenbinde steht für den Wunsch, den Dingen nicht ins Gesicht sehen zu müssen. Die Frau trägt ein blaues Kleid. Die Farbe verbindet die

Schwerter mit dem Element Luft. Fesseln binden ihre Arme und ihren Körper, doch die Bewegungsfreiheit ihrer Beine ist nicht eingeschränkt, und wenn sie wollte, könnte sie den Schwertkreis verlassen. Das Schloss auf dem Gipfel des fernen Hügels ist ein Autoritätssymbol. Der Himmel ist grau und bedrohlich. Nur ein einziger Vogel, Symbol für die Wahrheit und das Element Luft, fliegt über die Frau hinweg.

Deutung

Die Acht ist die Zahl des Todes und des Kraftschöpfens. Die Acht der Schwerter läutet das Ende alter Denkweisen ein, die nicht mehr angemessen sind, auf das ein Neubeginn folgt, wie der Vogel zeigt. Bis man den Vogel der Wahrheit erkennt, kann es allerdings etwas dauern – besonders, wenn die Augen verbunden sind.

Die Acht der Schwerter zeigt, dass Sie glauben, in einer ausweglosen Situation zu sein: „Wie man's macht, ist's verkehrt." Die Lage ist schwierig und welche Möglichkeit Sie auch in Betracht ziehen, es scheinen immer Nachteile damit verbunden. Die Entscheidung fällt nicht leicht. Wenn es Ihnen aber gelingt, die Augenbinde abzunehmen und genau hinzusehen, werden Sie erkennen, dass durchaus Lösungen für das Problem existieren.

Diese Karte bedeutet häufig, dass Ihnen eine Art Zeichen begegnen wird; sie rät Ihnen, offen zu sein, damit Sie es nicht verpassen. Bei der Acht der Schwerter meint man, starken äußeren Einschränkungen unterworfen zu sein, doch Sie sind weniger gefangen, als Sie denken. Erst wenn Sie erkennen, wie Sie selbst zu der Situation beigetragen haben, wird es zu einer Änderung kommen.

NEUN *der* SCHWERTER

Element: Luft

Die Schwerter
berühren die
Frau nicht, ihre
Ängste entbeh-
ren einer realen
Grundlage.

Rote Herzen
und die Symbole
der Luftzeichen
des Tierkreises
weisen auf einen
Konflikt zwi-
schen Fühlen
und Denken hin.

Schmetterlinge
symbolisieren
das Luftelement.

THEMA: *Unbegründete Ängste und Alpträume*

Auf der Neun der Schwerter sehen wir eine unglückliche
Frau im hellgrauen Nachthemd. Sie sitzt im Bett, das
Gesicht in den Händen verborgen, als weine sie aus Furcht
oder Angst. Geschnitzte Schmetterlinge zieren das Bett und
ordnen die Karte dem Luftelement zu. Eine Patchworkdecke

liegt darüber. Vierecke mit roten Herzen auf blauem Grund wechseln sich mit den Symbolen der astrologischen Luftzeichen – Zwillinge, Waage und Wassermann – auf weißem Grund ab. Diese Anordnung offenbart den Konflikt zwischen ihrem Kopf und ihrem Herzen. Neun Schwerter hängen im Dunkel über ihrem Bett und zeigen mit der Spitze auf sie herab, berühren sie aber nicht. Sonst ist das Zimmer leer.

Deutung

Die Zahl Neun trägt die Macht aller anderen Zahlen in sich, die Zehn bringt schließlich die Vollendung. Die Neun der Schwerter verbreitet eine sehr gedrückte Atmosphäre: Auf der weinenden Frau scheinen die Sorgen der ganzen Welt zu lasten. Doch obwohl die Schwerter drohend über ihr hängen, berühren sie sie nicht.

In einer Legung deutet die Neun der Schwerter an, dass es vermutlich nicht so schlecht steht, wie Sie befürchten. Oft ist die Angst schlimmer als das, wovor Sie sich fürchten. Die Neun der Schwerter gilt als Alptraumkarte, aber Alpträume sind nicht real. Die Karte kann auch bedeuten, dass Sie sich nicht um sich selbst, sondern die Menschen sorgen, die Sie lieben. Sie fühlen sich hilflos, denn für einen anderen können Sie nichts tun. Für sich selbst können Sie dagegen immer etwas tun, wenn Sie es nur wollen.

Die Schwerter sind dem Element Luft und dem Denken zugeordnet. Da liegt es nahe, dass Ihre Gedanken, die oft nicht mit Ihren Gefühlen übereinstimmen, die Ursache für viele Schwierigkeiten sind. Die Luftzeichen und roten Herzen auf der Bettdecke sind ein deutlicher Hinweis auf diesen Konflikt, der sicher nicht leicht zu lösen ist. Denken Sie daran: Das, wovor Sie sich am meisten fürchten, ist nicht eingetroffen, wie die Neun der Schwerter zeigt.

ZEHN *der* SCHWERTER

Element: Luft

Wie die zehn Schwerter im Rücken des Mannes zeigen, ist eine Sache zu Ende.

Der Schmetterling steht sowohl für die Transformation als auch für das Element Luft.

Die Dunkelheit im oberen Teil der Karte verbreitet ein Gefühl von Hoffnungslosigkeit.

Langsam wird es heller, und mit dem Licht kommt die Hoffnung zurück.

THEMA: *Eine Situation oder ein Abschnitt ist zu Ende*

V on zehn Schwertern durchbohrt liegt ein Mann auf dem Boden. Das Bild zeigt deutlich, dass eine Sache zu Ende ist, doch die See ist ruhig und in der Ferne bricht ein neuer Tag an und bringt neue Zuversicht. Der düstere Himmel im oberen Teil der Karte zeigt den Verlust aller

Hoffnung und Orientierung. Doch langsam zieht der Morgen herauf, und mit dem Licht kommt ein Hoffnungsschimmer. Über dem Körper des Mannes schwebt ein einzelner Schmetterling. Er steht für das Luftelement und die Wiederauferstehung.

Deutung

Die Zehn der Schwerter zeigt zweifellos sehr ausdrucksvoll, dass etwas sein Ende gefunden hat. Ein Mann wurde von zehn Schwertern durchbohrt. Es ist zwar kein Blut zu sehen, aber Hoffnung, dass er noch lebt, besteht auch nicht. In der Ferne bricht ein neuer Tag an, als dringe langsam das Licht der Erkenntnis ins Bewusstsein.

In einer Legung weist die Zehn der Schwerter nicht auf den körperlichen Tod hin, sondern darauf, dass etwas zu Ende ist. Die Karte kann sich auf das Ende einer Beziehung oder einer beruflichen Anstellung beziehen, oder darauf, dass ein junger Mensch das Elternhaus verlässt. Zudem macht sie deutlich, dass die Veränderung eintritt, weil etwas nicht mehr wichtig ist. Diese Karte spiegelt auch einen Wandel der inneren Einstellung, der meist ein Gefühl von Wahrhaftigkeit mit sich bringt. Vielleicht weigern wir uns, die Dinge so zu sehen, wie sie sind. Wir haben unsere Illusionen lieb gewonnen und möchten sie gerne behalten. Die Zehn der Schwerter setzt einer solchen Täuschung meist ein abruptes Ende und zeigt uns das Leben, wie es wirklich ist, „die ungeschminkte Wahrheit". Es kann sehr schmerzen, wenn wir unserer Selbsttäuschungen beraubt werden, aber es schafft auch Platz, damit etwas Echtes, etwas Wahrhaftiges an Stelle der Täuschung wachsen kann.

BUBE *der* SCHWERTER

Element: Luft

Die Links-
neigung des
Schwertes ver-
anschaulicht die
kreative Kraft
des Denkens.

Die Jugend des
Knaben steht
für neue Denk-
ansätze.

Die Vögel sym-
bolisieren das
Luftelement.

Schmetterlinge
stehen ebenfalls
für das Element
Luft.

THEMA: *Neue Denkansätze*

Der Bube der Schwerter ist ein in den Farben des Himmels gekleideter Knabe mit blauer Tunika und weißem Hemd. Die Schmetterlingsborte ordnet ihn dem Element Luft zu. Mit beiden Händen hält er ein Schwert in die
Höhe, das nach links, zur Seite der Kreativität geneigt ist.

Er ist wachsam und bereit, sich zu verteidigen. Der Bube
der Schwerter verkörpert die Vielseitigkeit und Kreativität
des Denkens. Einige Vögel fliegen über ihn hinweg. Sie
sind ein Bild für die Fähigkeit des Geistes, sich über die banale Wirklichkeit zu erheben und mehrere Gedanken
gleichzeitig zu verfolgen.

Deutung

Im Tarot werden die Buben durchwegs als junge Knaben
dargestellt. Der Bube der Schwerter steht für neue, noch
ungeformte Ideen. Wer lernen möchte, muss mit Gedanken
und Vorstellungen experimentieren und mit anderen darüber sprechen. Der Bube der Schwerter hat den Ruf, im
besten Fall ein Schelm, im schlimmsten ein Schurke zu sein.
In ihm ist das Element Luft noch am wenigsten entwickelt,
und manchmal steht er für eine Person, die gerne klatscht
und tratscht, statt wirklich nützliche Informationen mitzu-
teilen. Kinder und Jugendliche reden und plappern, um
den Umgang miteinander zu lernen. Diese Unterhaltungen
sind vielleicht nicht sehr bedeutungsvoll, stellen aber eine
wichtige Entwicklungsstufe dar, die erst bewältigt werden
muss, ehe eine höhere Ebene der Konversation angestrebt
werden kann.

In einer Legung kündet der Bube der Schwerter möglicherweise den Beginn einer neuen Beziehung an, die als banale Unterhaltung beginnt, aus der sich mit der Zeit aber
durchaus etwas Bedeutungsvolleres entwickeln kann.
Möglicherweise kündigt er auch die ersten Regungen einer
neuen Idee an, die Zeit und Aufmerksamkeit bedarf, wenn
sie wachsen und reifen soll.

RITTER *der* SCHWERTER

Element: Luft

Pferd und Reiter vermitteln den Eindruck großer Geschwindigkeit. Sie scheinen durch die Landschaft zu fliegen.

Vögel, Symbole für das Element Luft, schmücken das Zaumzeug des Pferdes.

Die Bäume biegen sich im Wind, dem Symbol für das Luftelement.

THEMA: *Eine willkommene Veränderung, die vielleicht störend wirkt*

Ein schneidiger junger Mann reitet im gestreckten Galopp auf seinem grauen Pferd, dessen Mähne im Wind weht. Bei diesem Bild liegt die Betonung auf der Geschwindigkeit. Der Ritter hält das Schwert waagrecht vor sich ausgestreckt. Wolken jagen über den Himmel, die Bäume im Hintergrund neigen sich im Sturm. Das Zaumzeug des Pferdes ist mit Vögeln geschmückt, der blaue Umhang des Ritters weht im Wind. An seinem silbernen Helm, der das Gesicht frei lässt, steckt eine weiße Feder.

Deutung

Wie alle Ritter im Tarot ist auch der Ritter der Schwerter hoch zu Ross. Alle Ritter sind in Bewegung, jeder von ihnen ist auf einer besonderen Mission. Der Ritter der Schwerter strebt nach Wissen und Information. Nicht unbedingt, weil es ihn nach tiefer Weisheit verlangt; mehr um des Wissens selbst willen. Die Betonung liegt auf seiner Geschwindigkeit. Er möchte so schnell wie möglich so viele Informationen wie möglich sammeln. Wie umfassend diese sind, ist weniger wichtig.

Der Ritter der Schwerter ist den Zwillingen zugeordnet. Dieses Sternzeichen steht für Kommunikation und die Anhäufung von Wissen. Zwillinge sprechen gerne über komplizierte Themen, und wie Schmetterlinge bleiben sie nur einen Augenblick lang auf einer Blüte sitzen, um Nektar zu sammeln, ehe sie sich auf die Suche nach noch interessanteren Blüten machen. Zwillinge sind anregend, man kann viel Spaß mit ihnen haben, aber sie langweilen sich schnell. Der Ritter der Schwerter genießt ebenfalls den Ruf, sich in die Dinge zu stürzen, ob es nun Liebe oder Arbeit ist, alles auf den Kopf zu stellen und wieder zu verschwinden.

In einer Legung ist der Ritter der Schwerter vermutlich ein Mensch, der Unruhe in Ihr Leben bringt und rasch weiterzieht. Das muss nicht so schlimm sein, wie es klingt. Vielleicht ist es nötig, um Sie wachzurütteln. Andererseits kann diese Karte auch bedeuten, dass Sie Ihren geistigen Horizont erweitern möchten.

Königin *der* Schwerter

Element: Luft

Der klare Him-
mel offenbart die
Kraft der Frau,
sich über ihren
Kummer zu er-
heben.

Der Vogel zeigt
ihren unverän-
derlich klaren
Blick der Dinge.

Sturmwolken
symbolisieren
Kummer und
Sorgen.

Der Umhang ist
ein Spiegelbild
des Himmels
und ein Luft-
symbol.

Ein Engel,
ein Geist der
Luft, schmückt
den Thron.

THEMA: *Würdevolles Leiden*

Die Königin der Schwerter ist eine würdevolle, ernst
dreinblickende Frau. Sie schaut nach links, der Seite
der Kreativität und der Erfahrung. Ihr Schwert hält sie aufrecht, zum Zeichen der Gerechtigkeit. In der unteren Him-
melshälfte ziehen sich Sturmwolken zusammen, doch über

ihr ist der Himmel klar und blau. Selbst angesichts von Schwierigkeiten lässt sie den Kopf nicht hängen. Ein einzelner Vogel fliegt über ihren Kopf hinweg. Er verrät ihre Scharfsichtigkeit. Der steinerne Thron ist mit dem Symbol eines Engels sowie mit Schmetterlingen verziert, und ihr Umhang ähnelt einem blauen Himmel mit weißen Wolken. Alle diese Motive weisen auf das Element Luft hin.

Deutung

Diese edle Königin zeigt uns die Schwerter oft von ihrer ernsten oder unangenehmen Seite. Sie ist eine Frau, die leidet, die den Schmerz kennt und ihn würdevoll erträgt. Die Königin der Schwerter trägt jede Unruhe, die sie fühlt, lieber mit Mut und Stärke, als ihre Gefühle offen zur Schau zu stellen wie die Königin der Kelche.

Der Königin der Schwerter ist das Sternzeichen Wassermann zugeordnet und den in diesem Zeichen Geborenen sagt man nach, sie seien stets höflich und zuvorkommend, hielten ihre Gefühle aber gut verborgen. Alle Luftzeichen sind eng mit den Schwertern verbunden und legen größten Wert darauf, lieber höflich und kühl zu erscheinen, als sich zu hässlichen Gefühlsausbrüchen hinreißen zu lassen. Die Luftzeichen und der Wassermann sind da keine Ausnahme, sie haben hohe Ideale und erwarten viel vom Leben, der Liebe und der Freundschaft. Wenn die Wirklichkeit mit ihren Träumen nicht Schritt halten kann, sind sie enttäuscht.

In einer Legung kündet die Königin der Schwerter an, dass ein mutiger, idealistischer, wenn auch möglicherweise unnahbarer Mensch in Ihr Leben tritt. Jemand, der allen Widrigkeiten entschlossen begegnet, ohne Furcht oder Ärger zu zeigen. Die Karte kann jedoch auch bedeuten, dass Sie diese Eigenschaften entwickeln sollen.

KÖNIG *der* SCHWERTER

Element: Luft

Die beiden Vögel stehen für die Dualität des Denkens.

Schmetterlinge symbolisieren das Luftelement.

Sein Schwert ist nach rechts, der Seite der Tat, geneigt.

Das Violett seines Umhangs ist die Farbe der Weisheit.

THEMA: *Eine strenge, aber gerechte Autoritätsperson*

Der König der Schwerter sitzt aufrecht, seine Robe ist blau, wie das Luftelement, der Umhang violett, wie die Farbe der Weisheit. Er blickt starr geradeaus, die Spitze seines Schwertes zeigt nach oben. Er hält es nicht gerade, zum Zeichen reiner Weisheit, sondern leicht nach rechts geneigt, zu der Seite der Tat. Den steinernen Thron zieren Schmetterlinge. Das Gesicht des Königs ist ruhig und würdevoll, denn er nimmt seine Autoritätsposition sehr ernst. Über seinem Kopf befinden sich zwei Vögel: Der Vogel steht für den Geist, der sich hoch über die vergängliche Welt erhebt, die Zwei ist die Zahl der Entscheidung und des Gleichgewichts. Der König der Schwerter strebt zwar nach Wahrheit, weiß aber, dass es die absolute Wahrheit nicht gibt.

Deutung

Der König der Schwerter ist eine Autoritätsperson. Er steht für gerechte Gesetze und soziales Gleichgewicht, und er sucht immer nach einer angemessenen Lösung. Intellektuelle Fertigkeiten haben für ihn einen hohen Stellenwert und die Entwicklung des Geistes oberste Priorität.

Traditionell setzt man ihn mit juristischen Berufen gleich, da diese Wahrheit und soziale Gerechtigkeit miteinander verbinden. Seine astrologische Entsprechung ist die Waage, das Sternzeichen der Harmonie. Die Waagschalen müssen stets im Gleichgewicht sein, wenn es gerecht zugehen soll, und der König der Schwerter ist bereit, diese Balance immer wieder herzustellen. Er ist charmant, höflich und hat tadellose Manieren, verfügt aber auch über einen scharfen Geist und kann skrupellos sein. Nach außen wahren Waagen gerne den Anschein von Ruhe und Ordnung, doch dahinter kann es brodeln.

Mit einem König der Schwerter in einer Legung könnte Ihnen jemand mit den Eigenschaften dieses klugen, charmanten Königs begegnen. Dieser Jemand überlistet seine Gegner mit schlauen Worten, nicht mit roher Gewalt. Vielleicht will die Karte Sie aber auch auffordern, ein paar seiner Eigenschaften in sich selbst zu entdecken.

Beispieldeutung Schwerter

M ary war eine Frau mittleren Alters. Es bereitete ihr offenbar Probleme, dass ihre halbwüchsigen Zwillinge, ein Sohn und eine Tochter, in Kürze das Haus verlassen würden. Sie wählte die folgenden fünf Schwertkarten:

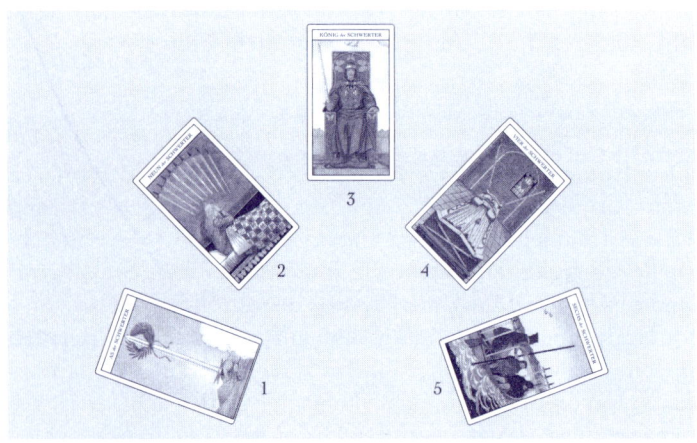

1. Die Ausgangssituation: As der Schwerter

Jedes As steht für einen neuen Anfang. Das As der Schwerter lässt darauf schließen, dass sich eine schwierige Situation zum Guten entwickeln kann. Für Mary geht ein Lebensabschnitt zu Ende, in dem sie nur Mutter gewesen war. Nun muss sie herausfinden, was ihr das Leben sonst noch zu bieten hat.

2. Die Erwartungen: Neun der Schwerter

Bei der Neun der Schwerter hat man ein Gefühl bevorstehenden Unheils, das jeglicher Grundlage entbehrt. Die Karte der Alpträume bedeutet keinesfalls, dass sich diese schrecklichen Befürchtungen bewahrheiten. Sie zeigt nicht, wie sich Mary tatsächlich ohne ihre Kinder fühlen wird, sondern vielmehr ihre Ängste.

3. Das Unerwartete: König der Schwerter

Der König der Schwerter ist eine Karte, die Autorität und die Fähigkeit zu klarem Denken ausdrückt. Mary könnte ihrem Leben also in der Tat eine neue Richtung geben und eine Möglichkeit finden, ihre intellektuellen Fähigkeiten sinnvoll zu nutzen.

4. Die unmittelbare Zukunft: Vier der Schwerter

Die Vier der Schwerter ist eine Karte der Ruhe und der Regeneration. Sie kann als Erholungsphase gedeutet werden. Vermutlich wird Mary Zeit brauchen, um sich auf die neue Situation einzustellen: Zeit zum Nachdenken. Wenn der Moment des Abschieds gekommen ist, wird zudem eine Trauerphase nötig sein.

5. Die langfristige Zukunft: Sechs der Schwerter

Die Sechs der Schwerter deutet an, dass es nach einer turbulenten und möglicherweise unglücklichen Phase ruhiger wird. Mary kann Hoffnung schöpfen, dass ihr Leben nicht zu Ende ist, wenn die Kinder aus dem Haus sind, und sich sogar vorstellen, wie sie die entstandene Leere sinnvoll füllen könnte.

Zusammenfassung

Marys Leben befindet sich im Umbruch (As der Schwerter), und sie hat große Angst davor, wie sich das auf sie auswirken wird (Neun der Schwerter). Anfangs glaubt sie, nicht die Kraft zu haben, diese Veränderung zu bewältigen (König der Schwerter). Sie braucht Zeit, um sich zurückzuziehen und sich an ihr neues Leben zu gewöhnen (Vier der Schwerter), ehe sie eine neue Richtung einschlagen kann (Sechs der Schwerter).

AS der MÜNZEN

Element: Erde

Der Bogen gibt
uns die Freiheit,
weiterzukommen.

Der herrliche
Garten steht für
die Fülle der
Natur.

Die Hecke
dient als Ab-
grenzung.

Weiße Lilien
sind das Symbol
des Geistes.

Rote Rosen
sind das
Symbol für
Leidenschaft.

THEMA: *Ein Geschenk oder eine finanzielle Chance*

Die Münzen sind dem Element Erde zugeordnet. Wie die Kelche (Wasser) sind sie weiblich und kreativ. Im Gegensatz zu den Stäben (Feuer) und den Schwertern (Luft), deren Kreativität männlich und nach außen gerichtet ist, sind die Münzen und ihre Aufgabe mit der Weisheit

der Erde und des Körpers verbunden. Auf dem As der
Münzen erscheint eine magische Hand aus den Wolken und
bietet eine große Goldmünze dar. Im Garten unter der Hand
blühen rote Rosen, das Symbol für Leidenschaft und Verlangen, und weiße Lilien, die für den geistigen Aspekt stehen. Zusammen mit den anderen Pflanzen ergibt sich ein
Bild des Reichtums und der Fülle der Erde. Der Garten ist
von einer Hecke umgeben. Diese bildet einen schützenden
Raum, in dem die Lektionen der Münzen gelernt werden
können. Ein Bogen führt hinaus in die offene Landschaft, es
steht dem Menschen also frei, weiterzugehen, wenn er die
Lektion verinnerlicht hat. Das As der Münzen ist ein Bild
voller Frieden und Fruchtbarkeit, ein Bild des Überflusses.

Deutung

Das As der Münzen gibt uns die Chance zu einem Neubeginn. Im Fall der Münzen manifestiert sich diese neue
Energie häufig im finanziellen oder materiellen Bereich.
Das kann eine Finanzspritze sein, die uns wie durch „Zau-
berei" oder Glück zuteil wird; vielleicht zahlt sich aber auch
die harte Arbeit endlich aus. In jedem Fall wird der vom As
gezündete Funke der Inspiration konkret Gestalt annehmen.

En In einer Legung kann das As der Münzen andeuten,
dass Sie bereit sind, die nötige Energie und den Schwung
zu entwickeln, um eine Firma zu gründen, oder eine viel-
versprechende neue Karriere oder Arbeitsstelle anzutreten.
Das As der Münzen steht für die Möglichkeit materieller
Erfolge, da es den aufrichtigen Wunsch verrät, harte Arbeit
zu leisten. Die anfängliche Idee oder der Anstoß zu einem
Projekt mag wie Magie erscheinen, aber der üppige Garten
ist das Ergebnis geduldiger, stetiger und harter Arbeit.

ZWEI der MÜNZEN

Element: Erde

Die beiden Münzen in der Luft sind ein Zeichen unbeständiger Finanzen.

Die beiden Schiffe stehen für das Vermögen des Mannes.

Die Maus ist ein Erdsymbol.

THEMA: *Veränderung und Vielseitigkeit*

Die Zwei der Münzen zeigt einen schlicht gekleideten Gaukler. Seine Kleider sind in Grün und Braun gehalten, den Farben des Elements Erde. Er wirft zwei goldene Münzen in die Luft, als hoffe er, beide im Fallen wieder aufzufangen. Hinter ihm sind zwei Schiffe zu sehen, die durch raue, aber nicht übermäßig schwere See fahren. Sie stehen für sein Vermögen. Das Bild zeigt, dass nun finanzielles Geschick gefragt ist. Die Situation entbehrt zwar nicht einer gewissen Spannung, gibt aber auch keinen allzu großen Grund zur Besorgnis. Der Mann steht auf einem Stück Gras, das für eine solide Grundlage und weiteres Potential steht. In der rechten unteren Bildecke befindet sich eine kleine Maus, das Bindeglied zum Element Erde.

Deutung

Die Zwei der Münzen ist eine aktive Karte voller Bewegung und Wandel. Der Gaukler muss zwei Bälle in der Luft halten, seine Aufmerksamkeit also mehreren Dingen zugleich widmen. Da die Münzen dem Element Erde zugeordnet sind – im Bild weisen die Farben der Erde und die kleine Maus darauf hin –, müssen vermutlich materielle oder finanzielle Angelegenheiten geschickt gehandhabt werden.

In einer Legung kann diese Karte ankündigen, dass finanzielle Veränderungen auf Sie zukommen. Das muss nicht unbedingt negativ sein. Im Gegenteil, vielleicht findet sich auch eine kreative Lösung für materielle Probleme. Doch da mit einer Zwei der Münzen in finanzieller Hinsicht nichts sicher ist, kann es auch bedeuten, dass Sie ein Loch aufreißen müssen, um ein anderes zu stopfen. Im Großen und Ganzen überwiegt aber nicht die Unsicherheit, sondern der in dieser Karte vorhandene Enthusiasmus.

DREI *der* MÜNZEN

Element: Erde

Wie am Gerüst zu erkennen ist, ist das Gebäude noch nicht ganz fertig.

Die gelbe Robe symbolisiert geistige Energie.

Drei Münzen sind bereits an ihrem Platz. Sie stehen für das bisher Erreichte.

Der Holzhammer verweist auf die Arbeit, die noch zu tun ist.

THEMA: *Die ersten Arbeiten sind abgeschlossen*

Auf der Drei der Münzen verlässt ein Handwerker ein Gebäude, an dem die Arbeiten teilweise abgeschlossen sind. Er ist in Braun und Grün, den Farben der Erde, gekleidet. Aus dem Bild geht hervor, dass er gerade die weiteren Pläne mit dem Paar in gelben und orangefarbenen Kleidern besprochen hat. Gelb und Orange sind die Farben geistiger Energie. Beim Bau eines Hauses sind sowohl Wissen und Erfahrung als auch praktisches Geschick vonnöten, worauf in dieser Karte das Element Erde hinweist. Die drei Personen befinden sich vor einem großen, soliden Gebäude, das jedoch noch nicht fertiggestellt ist. Die Treppenmauer ist bereits mit drei Münzen, Weinreben und Blättern geschmückt, die für das Element Erde stehen. Eine kleine Maus, ein weiteres Erdsymbol, läuft die Treppe hinunter.

Deutung

Die Drei der Münzen vereint das von der Zahl Drei symbolisierte Ende eines ersten Arbeitsabschnitts mit dem Element Erde der Münzen. Es wurde also ein gewisser Stand erreicht. Doch das Gebäude ist noch nicht fertig, und es ist noch ein weiter Weg bis dorthin.

In einer Legung zeigt die Drei der Münzen, dass bei der Arbeit oder dem Weg hin zum eigenen Heim deutliche Fortschritte gemacht wurden. Das könnte zum Beispiel auf den Kauf eines Hauses hindeuten: Die äußere Hülle ist nun vorhanden, aber Sie müssen noch renovieren und einrichten. Diese Karte zeigt, dass eine solide Grundstruktur vorhanden ist und nur noch Kleinigkeiten zu erledigen sind.

Bis zu einem gewissen Grad ist die dritte Karte immer zweischneidig: Die Freude über das Ende des ersten Abschnitts steht der Frustration gegenüber, dass das Projekt noch lange nicht beendet ist. Durch das Element Erde sind die Münzen ganz besonders eng mit der materiellen Welt verbunden, so dass diese Karte auf einen langsamen, aber stetigen Fortschritt in Geschäftsangelegenheiten hindeuten kann.

VIER *der* MÜNZEN

Element: Erde

Der Mann um-
klammert die
goldene Münze
und verrät damit
seinen Geiz.

Eine Mauer
trennt ihn von
den Menschen in
der Stadt auf der
anderen Seite.

Feine Kleider
offenbaren seine
Liebe für das
gute Leben.

Aus Angst, be-
stohlen zu wer-
den, hat sich der
Mann auf die
Truhe gesetzt.

THEMA: *Nicht loslassen können*

Ein gut gekleideter Mann sitzt fest auf einer mit drei Münzen geschmückten Truhe. Verzweifelt umklammert er eine vierte Münze. Seine feinen Kleider und die Art, wie er das Geldstück ans Herz drückt, als sei Gold alles, was er begehrt, offenbaren, wie sehr er materiellen Besitz schätzt. Die drei Münzen auf der Seite der Truhe deuten an, dass sie Geld enthält. Damit nichts aus der Truhe herausfallen oder daraus gestohlen werden kann, sitzt der Mann darauf. Von der Stadt und den anderen Menschen scheint er durch eine Mauer getrennt zu sein. Eine kleine Maus huscht an der Truhe vorbei. Sie erinnert an das Element Erde.

Deutung

Die Zahl Vier steht für die materielle Welt. Die Münzen sind dem Element Erde zugeordnet, weshalb diese Karte auf ein großes Interesse an materiellen und geschäftlichen Angelegenheiten schließen lässt. Die Vier der Münzen gilt als Karte des Geizkragens, da sie große Angst und Misstrauen im Umgang mit Geld oder materiellen Gütern verrät. Vielleicht kann man sich nur schwer von Geld oder gesellschaftlichem Status trennen. Auf diese Weise geht zwar nichts verloren, aber gewinnen kann man auch nichts. Der Energiefluss ist blockiert, so dass im besten Fall der Status Quo erhalten bleibt und im schlimmsten Fall die Dinge zum Stillstand kommen.

In einer Legung offenbart diese Karte möglicherweise, dass der überwältigende Wunsch nach materieller Sicherheit und Stabilität sowie eine übertriebene Angst vor materiellen Risiken Ihre Fähigkeit zu wachsen und zu lernen hemmt. Diese Einstellung zum Geld kann sich auch auf die Gefühle übertragen, weshalb die Vier der Münzen vielleicht ebenso auf große Verlustängste hinweist. Möglicherweise möchten Sie Ihre Gefühle aus Furcht vor emotionalen Verletzungen nicht offen zeigen.

FÜNF *der* MÜNZEN

Element: Erde

Die Kirche, ein Ort der Gottesverehrung, gibt einen Hinweis auf einen möglichen Verlust des Glaubens.

Die Bettler symbolisieren materiellen Verlust.

Die Maus steht für das Element Erde.

THEMA: *Verlust von Reichtum oder Glauben*

D ie Fünf der Münzen zeigt ein hell erleuchtetes Glasfenster, das vermutlich zu einer Kirche gehört, einem Ort körperlicher und spiritueller Zuflucht. Das Motiv des Fensterbildes besteht aus fünf glänzenden Münzen, umgeben von bunten Früchten und Blumen, Symbolen für das

Erdelement. Doch vor der Kirche ist es kalt. Die sonst so
fruchtbare Erde liegt unter einer Schneeschicht und hält ihren Reichtum zurück. Zwei Bettler in Lumpen, einer stützt
sich auf Krücken, haben unter dem Fenster Zuflucht ge-
sucht, aber sie sehen nicht in das warme Innere der Kirche
hinein. Sie sind ganz und gar in ihrem Elend und ihrem Unglück versunken und übersehen dabei offenbar, wie nahe
die Hilfe ist. Die Fünf der Münzen ist kein Bild vom Reichtum der Erde, sondern zeigt den Verlust materieller Güter
an. Die Maus in der Ecke der Karte erinnert uns daran,
dass die Münzen grundsätzlich dem Element Erde zugeordnet sind.

Deutung

Die Zahl Fünf kündet in allen Farbreihen Spannung und
Furcht an. Bei den der Erde zugeordneten Münzen liegt es
nahe, dass die Schwierigkeiten finanzieller Art sind, auch
wenn das keinesfalls die einzige Bedeutung dieser Karte ist.
Häufig hängt unser Selbstwert von unserem Besitz ab.
Wenn dieser schwindet, bricht auch unser Selbstwertgefühl
ein. Bitte beachten Sie, dass die Bettler nicht zu dem er-
leuchteten Fenster aufsehen. Offenbar sind ein Mangel an
Selbstvertrauen und ein geringes Selbstwertgefühl das grö-
ßere Problem.

Die Fünf der Münzen drückt aus, dass unter Umständen
nicht nur die Finanzen schwer in den Griff zu bekommen
sind, sondern viel wichtiger, dass Sie möglicherweise in Gefahr sind, Ihren Glauben an das Gute oder den Sinn des Lebens zu verlieren. In einer Legung rät Ihnen diese Karte,
sowohl dem materiellen als auch dem spirituellen Bereich
Ihres Lebens sehr viel Aufmerksamkeit zu schenken.

SECHS *der* MÜNZEN

Element: Erde

Das Schloss
symbolisiert
Reichtum und
Stabilität.

Die Maus ist ein
Erdsymbol.

Die Waage
zeigt, dass
Reichtum ge-
recht verteilt
wird.

Die Weinreben
auf dem Bogen
stehen für die
Reichtümer der
Erde.

THEMA: *Großzügigkeit und Barmherzigkeit*

Auf der Sechs der Münzen verteilt ein prachtvoll gekleideter Mann Almosen an die Armen. Zwei Bettler in braunen Kleidern halten die Hände auf, und ihr Wohltäter zählt
jedem einzelnen die Münzen in die Hand. In seiner linken
Hand – links ist die passive Seite – hält der reiche Mann eine

Waage, die sich im Gleichgewicht befindet. Mit der Rechten, der aktiven Hand, verteilt er das Geld. Es ist ein Bild voller Hilfsbereitschaft und Güte. Der schöne Steinbogen steht für Stabilität und Dauerhaftigkeit. Sechs Münzen sind aus dem Stein gehauen, ebenso wie die Weinreben, Symbole für die Fülle der Erde. In der Ferne steht ein Schloß. Es symbolisiert Reichtum und Glück. Die kleine Maus auf dem Vorsprung des Bogens ist das bekannte Erdsymbol.

Deutung

Die Sechs ist die Zahl des Gleichgewichts und der Gleichberechtigung. Bei den Münzen offenbart sie die Notwendigkeit, Reichtum und Glück mit anderen zu teilen. Das Bild auf der Karte zeigt einen Reichen, der jenen hilft, die weniger haben als er. Das könnte bedeuten, dass Sie im Notfall mit finanzieller Hilfe rechnen können.

Aus dieser Karte lässt sich aber eine noch tiefere Bedeutung lesen: Sie geben oder erhalten emotionale oder physische Hilfe. Das heißt, dass Sie diese Hilfe entweder anderen in größerer Not zukommen lassen, oder Ihnen selbst geholfen wird. Vor allem bedeutet diese Karte aber, dass Sie geben, wenn Sie können, und nehmen, wenn Sie müssen. Niemand kann ein ganzes Leben lang nur geben oder nur nehmen. Jeder von uns bekommt Gelegenheit zu beidem. Wichtig ist, dass der Mann eine Waage in der Hand hält: Er gibt genau so viel, wie nötig ist, nicht mehr und nicht weniger. In einer Legung mit der Sechs der Münzen werden Sie entweder geben oder bekommen, was nötig ist – was nicht unbedingt gleichbedeutend sein muss mit dem, was Sie sich wünschen.

SIEBEN *der* MÜNZEN

Element: Erde

Die fest einge-
setzten Münzen
stehen für das
bereits Erreichte.

Die einzelne
Münze ist Vorbo-
te dessen, was mit
einem Richtungs-
wechsel erreicht
werden könnte.

Der Hase ist ein
Erdsymbol.

THEMA: *Eine Entscheidung steht an*

Die Sieben der Münzen zeigt einen Mann, der in den grünen und braunen Farben des Erdelements geklei-
det ist. Er befindet sich zwischen zwei Feldern: Die Saat zu seiner Rechten ist gut gewachsen, sechs Münzen erblühen inmitten der Pflanzen. Zu seiner Linken sind die Pflänzlein

weniger weit entwickelt. Die einzelne Münze ist wie das
Versprechen von etwas Neuem, das noch keine Wurzeln
gefasst hat. Der Mann ist unentschlossen, ob er sich den
gut gewachsenen Pflanzen zu seiner Rechten oder dem
neuen Projekt zu seiner Linken widmen soll. Die ganze
Umgebung, die reiche Ernte und der über den Weg hu-
schende Hase, ein Fruchtbarkeitssymbol, erinnern an das
Element Erde.

Deutung

Die Sieben ist die Zahl des Wissens, und die Sieben der
Münzen mahnt an, dass eine Entscheidung gefällt werden
muss. Der Mann auf dem Bild hat bereits sehr viel erreicht,
wie die feine Ernte von sechs Münzen auf der passiv-krea-
tiven linken Seite der Karte zeigt. Die einzelne Münze auf
der rechten, aktiven Seite deutet jedoch darauf hin, dass ein
neues Vorhaben ansteht oder sich eine neue Gelegenheit
bieten könnte.

In einer Legung will Ihnen diese Karte gewöhnlich sagen, dass Sie sich zwischen zwei Alternativen entscheiden
müssen. Der eine Weg ist Ihnen vertraut, Sie haben ihn ge-
testet und für gut und profitabel befunden. Doch der andere Weg ist etwas vollkommen Neues, Ihnen vielleicht sogar
Fremdes. Die Karte fällt kein Urteil, welches nun der „richtige" Weg ist. Sie zeigt lediglich, dass Sie Ihre Energie in
die eine oder andere Richtung lenken müssen. Die Wahl
liegt bei Ihnen. Vermutlich wird jeder Weg Vor- und Nachteile mit sich bringe. Sie müssen sie abwägen, Ihre Entscheidung treffen und danach handeln.

ACHT *der* MÜNZEN

Element: Erde

Die Werkstatt ist ein Ort, an dem gearbeitet wird.

Feld und Garten zeigen die Großzügigkeit der Natur.

Der Mann misst sehr sorgfältig aus, denn er möchte seine Arbeit richtig machen.

Die Maus ist ein Erdsymbol.

THEMA: *Neue Fertigkeiten erlernen*

Auf der Acht der Münzen ist ein junger Mann, der voll Freude Schürze und Kappe des Lehrlings trägt, in seiner Werkstatt fleißig bei der Arbeit. Auf einer Bank schneidet er mit großer Sorgfalt und Genauigkeit eine Münze aus. Hinter ihm hängen sieben fertige Münzen an einem Holzgestell. Aus den Ritzen im Werkstattboden wachsen kleine Grasbüschel. Sie stehen für neue Ideen. Wie man sieht, befinden sich Felder und Gärten, die den Reichtum der Erde symbolisieren, vor der Werkstatt. Unter dem Tisch versteckt sich die kleine Maus, das Erdsymbol. Die Szene spiegelt Fleiß und Talent.

Deutung

Die Acht ist die Zahl der Regeneration. Im Bereich der Münzen zeigt sie eine neue berufliche Richtung an. Sie gilt als die Karte des Lehrlings, da der angedeutete Richtungswechsel oft mit einer Lehre oder Fortbildung verbunden ist. Im Allgemeinen macht das Lernen reiferen Studenten sehr viel mehr Freude als Schulkindern, da sie das Thema selbst gewählt haben und es ihnen nicht vorgeschrieben wurde. Deshalb ist der Arbeiter auf dem Bild auch so fleißig und zufrieden. Er ist in seine Arbeit versunken, die ihn interessiert und ein Quell wahrer Freude für ihn ist. Diese Karte zeugt sowohl von Talent als auch von der Disziplin, die nötig ist, um eine Arbeit wirklich gut zu machen. Die dem Element Erde zugeordneten Münzen verraten unsere Einstellung zur materiellen Seite des Lebens. Es ist allgemein bekannt, dass Menschen glücklicher sind, wenn sie für ihre Arbeit bezahlt werden, statt lediglich für Geld arbeiten zu müssen.

In einer Legung bietet sich Ihnen mit der Acht der Münzen die Chance, eine neue berufliche Richtung einzuschlagen, selbst wenn Sie dafür noch einmal einen Kurs oder eine Lehre absolvieren müssen, die Sie dafür aber wirklich inspirieren. Der Arbeiter auf dem Bild ist zwar in seiner eigenen Welt versunken, doch die offene Werkstatttür ist seine Verbindung zur Außenwelt, und letzten Endes wird von dort auch Anerkennung und Lob kommen.

NEUN *der* MÜNZEN

Element: Erde

Das Schloss ist ein Abbild materieller Sicherheit und Stabilität.

Der Jagdvogel zeugt von großer Intelligenz und Phantasie.

Die Weinreben sind ein Symbol für die Reichtümer der Erde.

Die Frau trägt schöne Kleider zum Zeichen ihres materiellen Wohlstands.

Der Hase symbolisiert große Fruchtbarkeit

THEMA: *Erfolg und Freude*

Die Neun der Münzen zeigt eine Frau in schönen, mit Blumen verzierten Kleidern. Sie steht in einem üppigen Weinberg und schlingt eine zu ihrer Linken wachsende Rebe um ihren Finger. Die Weinreben stehen für die großzügigen Gaben der Erde, die sie zu schätzen und zu genie-

ßen weiß. Auf ihrer rechten Hand sitzt ein Falke, ein Jagdvogel. Er offenbart ihre große Intelligenz und Phantasie.
Zwischen den üppig wachsenden Blättern und Früchten,
von denen die Frau umgeben ist, hängen neun Münzen. Offenbar ist sie mit ihrem Los zufrieden. Neben ihr sitzt ein
Hase, das Symbol für die Fruchtbarkeit der Erde. Auf dem
fernen Hügel befindet sich ein Schloß, das Abbild ihrer Erfolge und hoch gesteckten Ziele sowie materieller Stabilität
und Sicherheit.

Deutung

Die Neun ist die Zahl, die alle anderen Zahlen in sich vereinigt und die Grundlage für den Kreisschluß durch die
Zehn bildet. Die Neun der Münzen zeugt von materieller
Sicherheit und Annehmlichkeit. Die Frau trägt wunder-
schöne Kleider, sie wirkt ruhig und zufrieden. Sie ist von
den Schätzen der Erde umgeben: Sie hat hart an ihrem Erfolg gearbeitet und ist nun in der Lage, die angenehmen
Seiten des Lebens zu genießen.

Bis auf den Vogel, der die Kraft der Gedanken und der
Phantasie verkörpert, ist die Frau allein. Sie braucht niemanden. Das soll weder heißen, dass sie andere nicht mag,
noch dass sie nichts von ihnen wissen will. Es bedeutet einfach, dass sie in sich eine tiefe Zufriedenheit gefunden hat
und auch alleine glücklich sein kann. Auf ihre Leistungen
kann sie stolz sein. Sie ist im Frieden mit sich und braucht
niemanden, der ihr sagt, dass sie ihre Sache gut gemacht
hat. In einer Legung kündet diese Karte eine ruhige Phase
an, in der Sie das Gute in Ihrem Leben voll zu schätzen wissen und mit der Welt im Einklang sind.

ZEHN *der* MÜNZEN

Element: Erde

Das Schloss steht für die Sicherheit und Stabilität, die von Generation zu Generation weitergegeben wird.

Der alte Mann, seine Tochter und das Kind stehen für die Familientradition.

Der Hund ist ein Erdsymbol.

THEMA: *Weitergeben bewährter Traditionen*

Auf der Zehn der Münzen sehen wir eine Familie, die gemeinsam die Ruhe und Schönheit ihres prächtigen Gartens genießt. Der Mann hat seinen Enkel auf den Knien, seine Tochter steht neben ihm. Hinter ihnen sieht man ein schönes Schloß. Es ist ein Symbol für lang überlieferte

Familientraditionen, denn Schlösser wurden stets von einer
Generation an die nächste vererbt. Zudem ist es ein Zeichen von Sicherheit und Stabilität in einer sich schnell verändernden Welt. Ein Hund ist ebenfalls zu sehen. Er ist ein
Sinnbild für die Loyalität, die Natur und, genau wie der
über und über blühende Garten, ein weiteres Erdsymbol.

Deutung

Die Zehn ist die Zahl der Vollendung. Bei den Münzen ist
sie Vollendung und Fortbestand in einem. Diese Karte steht
für Familientraditionen, die auf harter Arbeit und dem Engagement für ein gemeinsames Ziel gründen. Beim Erdelement wird die Maxime: „Man erntet, was man gesät hat"
wohl am deutlichsten. Eine Kernaussage der Zehn der
Münzen ist, dass Sie bereit sein müssen, Zeit und sowohl finanzielle als auch emotionale Energie zu investieren, wenn
Sie auf lange Sicht erfolgreich sein möchten. Sie können
keine reiche Ernte erwarten, wenn Sie nicht ein einziges
Körnchen gesät haben.

In einer Legung mahnt die Zehn der Münzen, konkrete
Vorkehrungen für die Zukunft zu treffen. Das kann bedeuten, dass der richtige Zeitpunkt für den Kauf eines Hauses,
die Gründung einer Familie oder das Schaffen anderer
Grundlagen gekommen ist. Vielleicht sollen bewährte Familientraditionen weitergegeben werden. Vielleicht kündigt die
Karte aber auch eine Erbschaft, ein Geschenk oder auch etwas weniger Greifbares wie Liebe und Unterstützung durch
die Familie an. Ein wichtiger Aspekt der Zehn der Münzen
liegt darin, etwas zu schaffen, das auch nach Ihrem Tod Be-
stand hat. Natürlich können damit eigene Kinder gemeint
sein. Gleiches gilt aber auch für Kunst oder Literatur, von
der noch zukünftige Generationen profitieren können.

Bube *der* Münzen

Element: Erde

Die Kleider sind braun und grün, in den Farben des Erdelements.

Die neuen Pflänzchen stehen für neue Anfänge.

Der Hase ist das Symbol großer Fruchtbarkeit.

THEMA: *Kleine Anfänge*

Alle Buben stehen für ein noch nicht ausgeschöpftes, neues Potential. Der Bube der Münzen ist ein Jüngling in einfachen, erdig braunen und grünen Kleidern. Er steht auf einem gepflügten Feld. Von der neuen Saat spitzen bereits die ersten Blätter hervor. Die jungen Pflanzen weisen darauf hin, dass es sich um ein Bild der Neuanfänge handelt. Es zeigt aber auch, dass die Natur Zeit braucht, um sich zu entwickeln, und man nichts beschleunigen kann. Der Jüngling hält eine Münze vorsichtig in beiden Händen, als sei er sich ihres einzigartigen Potentials bewusst. Ein Hase, das Symbol großer Fruchtbarkeit, springt ungehindert hinter ihm über das Feld.

Deutung

Wie wir bereits von den anderen Serien wissen, stehen die Buben für Ideen oder Projekte, die sich noch ganz am Anfang befinden. Der Bube der Münzen ist demnach ein Bild dafür, wie aus einem kleinen, scheinbar unbedeutenden Anfang etwas Großes, Konkretes erschaffen wird. Traditionell bedeutet diese Karte, dass sich eine Gelegenheit zu materiellem Erfolg bietet und das, was als kleines Vorhaben beginnt, schließlich zu etwas Großem heranwächst. Der Bube der Münzen zeigt den Anfang dieser Entwicklung. In einer Legung erinnert er uns daran, dass ein solides Fundament wichtig ist, wenn ein neues Vorhaben Erfolg haben soll. Der Bube der Münzen steht für harte, gewissenhafte Arbeit.

In einer Legung weist diese Karte möglicherweise auch darauf hin, dass eine ernste, nachdenkliche Person in Ihr Leben tritt. Sie hilft Ihnen entweder, den Grundstein für ein neues Vorhaben zu legen, oder dient als gutes Beispiel, wenn es darum geht, durchdachte Pläne für ein neues Projekt zu präsentieren. Möglicherweise drückt diese Karte aber auch aus, dass Sie sich nun mehr mit der eigenen Entwicklung beschäftigen sollten.

RITTER *der* MÜNZEN

Element: Erde

Das Eichenlaub steht für das langsame Wachstum von der Eichel zur mächtigen Eiche.

Das Zugpferd des Ritters ist ein Arbeitstier, kein Rennpferd.

Die Feldmaus ist ein Erdsymbol.

THEMA: *Langsamer, aber stetiger Fortschritt*

Der Ritter der Münzen ist ein junger Mann in Rüstung. Die obere Tunika ist mit Eichenlaub bestickt. Er sitzt auf einem Zugpferd, das mitten in einem frisch gepflügten Acker steht. In den Händen hält er eine Münze. Im Hintergrund sind die Pflanzen bereits größer, und die Szene spiegelt den gesamten Kreislauf der Natur, von der Geburt über die Blüte bis hin zum Verfall. Dieser Kreislauf bildet das zentrale Thema der Erdnatur der Münzen. Den Helm des Ritters schmückt Eichenlaub, nicht prächtige Federn, was seine Zuordnung zum Element Erde ebenso betont wie die Feldmaus in der Ackerfurche.

Deutung

Der Ritter der Münzen steht regungslos auf einem gepflügten Feld. Er ist der einzige Ritter, der auf einem Zugpferd sitzt, das zudem als einziges Pferd nicht in Bewegung ist. Die anderen Ritter stehen für Tatkraft, für Bewegung, doch der Ritter der Münzen verkörpert den allmählichen Fortschritt. Sein Pferd ist ein Arbeitstier, dessen Stärke weder in seiner Schönheit noch in seiner Schnelligkeit liegt. Dieser Ritter symbolisiert Geduld und Beharrlichkeit. Er ist weder extravagant noch leicht vom Kurs abzubringen. Die große Stärke des Ritters der Münzen ist, dass er erreicht, was er sich vorgenommen hat, indem er seinen Weg äußerst präzise verfolgt. Man mag ihn langweilig finden, aber er erreicht immer sein Ziel.

Der Ritter der Münzen ist dem Erdzeichen Jungfrau zugeordnet, das für seine Pingeligkeit und seine große Liebe zum Detail bekannt ist. Wenn der Ritter der Münzen in einer Legung vorkommt, heißt das oft, dass ein freundlicher, verlässlicher und ehrlicher Mensch in Ihr Leben tritt. Vielleicht müssen Sie diese Eigenschaften aber auch selbst entwickeln oder eine Angelegenheit geduldig zum Abschluss bringen.

KÖNIGIN *der* MÜNZEN

Element: Erde

Rosen stehen
für Liebe und
Schönheit.

Die Stierköpfe
verweisen auf
das Stern-
zeichen Stier.

Der Garten ist
ein Bild für die
Früchte der Erde.

Der Hase ist
ein Fruchtbar-
keitssymbol.

THEMA: *Liebe zum Luxus*

Die Königin der Münzen sitzt auf einem reich verzierten Thron mit Stierköpfen. Der Stier steht für das
gleichnamige Tierkreiszeichen, ein Erdzeichen, und ist der
Königin der Münzen zugeordnet. Zudem ist der Thron mit
den Früchten der Erde geschmückt. Er steht in einem üp-

pigen Garten, einem Sinnbild der überreichen Natur. Unter den vielen Blumen, die in diesem Garten blühen, sind auch einige Rosen, die zudem den Umhang der Königin zieren. Sie symbolisieren Jugend und Schönheit und sind besonders der Venus zugeordnet, dem Herrscher des Sternzeichens Stier. Der neben dem Thron sitzende Hase ist ein Fruchtbarkeitssymbol. Die Königin hält eine Münze, das Zeichen für die Magie der Natur, in ihrem Schoß und blickt liebevoll darauf hinab.

Deutung

Die Königin der Münzen verkörpert eine praktische, materialistische Person, die sich über die Realität im Klaren ist und in ihr lebt. Sie hat eine Verbindung zur Wirklichkeit, wie sie die anderen Königinnen nicht haben. Münzen und Erde sind direkt miteinander verknüpft. Sie ist durchaus bereit, hart für ihre Ziele zu arbeiten, kann aber auch die Früchte ihrer Arbeit genießen. Wie alle, die im Zeichen des Stiers geboren wurden, das dieser Karte zugeordnet ist, liebt die Königin der Münzen gutes Essen, guten Wein, schöne Kleider und eine ansprechende Umgebung. Sie ist großzügig, sowohl sich selbst als auch anderen gegenüber, und gibt im materiellen wie im emotionalen Sinn immer das Beste. Ganz ohne Scham weiß sie auch ihren Körper und seine Bedürfnisse zu schätzen. Die Königin ist sich ihrer Sinnlichkeit voll und ganz bewusst.

In einer Legung macht diese Karte vielleicht darauf aufmerksam, dass Sie einem Menschen mit den Eigenschaften dieser Erdkönigin begegnen. Oder Sie erleben eine Zeit, in der Sie Ihren körperlichen Bedürfnissen besondere Beachtung schenken müssen und in Ihrer Sinnlichkeit schwelgen dürfen.

König *der* Münzen

Element: Erde

Die Trauben symbolisieren die Süße der Erde.

Das Schloss steht für Reichtum und gesellschaftliche Stellung.

Die Bergziege ist das Symbol für den Steinbock.

THEMA: *Finanzielle Sicherheit und Stabilität*

Die prächtigen Kleider des Königs der Münzen sind mit Trauben und Weinblättern geschmückt. Zu beiden Seiten des Throns wächst eine Rebe. Sie symbolisieren den Reichtum, ihre Trauben die Süße der Erde. Der Steinthron ist mit Ziegenköpfen verziert, dem Symbol des Sternzeichens Steinbock, dem der König der Münzen zugeordnet ist. In seiner linken Hand hält er den Reichsapfel, das Zeichen zeitlich begrenzter Macht. In seiner Rechten hält er eine Münze, das Symbol für die Magie der Erde. Hinter ihm steht ein beeindruckendes Schloss, das seinen materiellen Besitz und das von ihm Erreichte darstellt.

Deutung

Der König der Münzen ist eine majestätische, autoritäre Erscheinung. Er ist der personifizierte menschliche Ehrgeiz, der sich im Sternzeichen Steinbock widerspiegelt, und steht für den Wunsch nach gesellschaftlichem Status und der damit einhergehenden Macht. Der König der Münzen hat hart für seinen Erfolg gearbeitet und ist mit dem Ergebnis zufrieden. Wie die Königin der Münzen ist er entschlossen, seinen weltlichen Besitz zu genießen und seinen Nutzen daraus zu ziehen. Der König der Münzen ist sich wie alle Erdkarten bewusst, dass nur Fleiß zum Erfolg führt. Er fürchtet sich nicht vor harter Arbeit und kann folglich mit ruhiger Gewissheit ernten, was er gesät hat. Der Steinbock ist das Zeichen weltlicher Macht und der König der Münzen sehnt sich nach Respekt und Status. Seine feste Entschlossenheit und der Wunsch nach Erfolg führen den Steinbock im Allgemeinen ans ersehnte Ziel – sei es Reichtum, Macht oder gesellschaftliches Ansehen.

In einer Legung kündet diese Karte entweder die Begegnung mit einem Machtmenschen an, oder Sie müssen selbst ehrgeizig und entschlossen werden, wenn Sie finanziell und gesellschaftlich erfolgreich sein möchten. Der König der Münzen ist vielleicht nicht so schillernd und dynamisch wie die anderen Könige, dafür hat er einen starken Charakter, ist großzügig und moralischen Prinzipien treu.

Beispieldeutung Münzen

James, ein 40-jähriger Familienvater, fragte mich in einer Sitzung, welche finanziellen Auswirkungen es hätte, wenn er die Richtung seiner beruflichen Laufbahn ändern würde. Er zog folgende fünf Münzkarten:

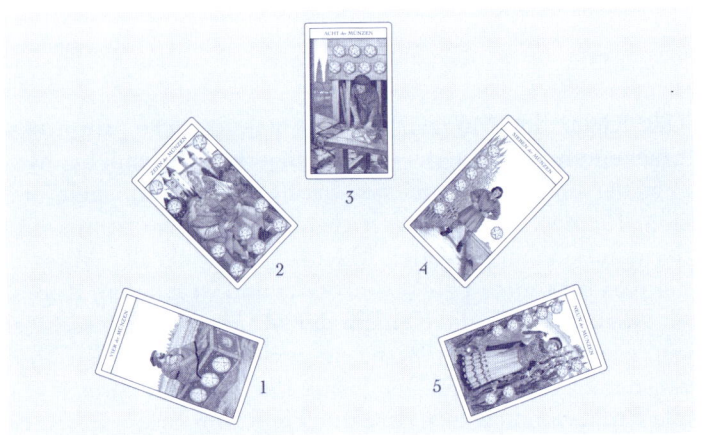

1. Die Ausgangssituation: Vier der Münzen

Die Vier der Münzen lässt darauf schließen, dass er Angst hat, ein Risiko einzugehen, und weder Geld noch die Kontrolle verlieren möchte. James gab zu, dass ihn der Gedanke, seinen finanziell sicheren, aber unbefriedigenden Job aufzugeben, nervös macht.

2. Die Erwartungen: Zehn der Münzen

Diese Karte steht für Sicherheit und Stabilität. Die Zehn der Münzen bezieht sich häufig auf den Familienbesitz oder gemeinsames Geld. James sagte, der Großteil des Vermögens stecke in seinem großen Haus, und wenn er seine Pläne weiterverfolgen wollte, müsse er das nötige Geld durch einen Verkauf flüssig machen.

3. Das Unerwartete: Acht der Münzen

Diese Karte weist auf eine Ausbildung oder Lehre hin. Für James bedeutet das wohl, dass er für sein Vorhaben neue Fähigkeiten erlernen oder ein vorhandenes Talent auf neue Art nutzen muss.

4. Die unmittelbare Zukunft: Sieben der Münzen

Eine schwierige Entscheidung zwischen dem Bekannten und Bewährten, und dem Neuen, Unerprobten. Die Karte beschreibe sein Dilemma perfekt, meinte James. Er will seine lukrative, aber stumpfsinnige Arbeit in einer Bank aufgeben und seinen lang gehegten Traum, ein Restaurant zu eröffnen, verwirklichen. Doch er fürchtet die negativen Auswirkungen, die dieser Schritt möglicherweise auf die ganze Familie hat.

5. Die langfristige Zukunft: Neun der Münzen

Die Neun der Münzen verbindet materielle Annehmlichkeiten und Stabilität mit dem befriedigenden Gefühl, diesen Lebensstandard aus eigener Kraft geschaffen zu haben. Ob damit die sichere Stelle bei der Bank gemeint ist, oder sich die Karte auf den neuen Berufsweg bezieht, bleibt allerdings unklar.

Zusammenfassung

James muss finanziell und emotional loslassen (Vier der Münzen). Das bedeutet nicht unbedingt, dass er „den großen Schritt" wagen soll. Es kann auch heißen, innerlich flexibler zu werden. Es geht ihm gut, seine Finanzen sind gesichert (Zehn der Münzen), und er kann dankbar sein, dass er sich endlich aussuchen kann, welche Arbeit er machen will. Der Neuanfang wäre für ihn mit einer zusätzlichen Ausbildung verbunden (Acht der Münzen). Vielleicht könnte er damit bereits beginnen, solange er noch fest angestellt ist. Vieles will bedacht sein (Sieben der Münzen), im Augenblick sind seine Aussichten noch gut (Neun der Münzen).

Beispieldeutung für die
Kleinen Arkana

Für das folgende Legesystem wurden alle vier Serien verwendet. Wie Sie sehen werden, macht das die Deutung zwar komplexer, aber auch interessanter und anspruchsvoller. Für das folgende Beispiel habe ich die 65 Karten der Kleinen Arkana verwendet, um ein traditionelles Keltisches Kreuz zu legen. Dieses Legesystem eignet sich besonders gut, wenn man sich einen Überblick über den Alltag eines Menschen verschaffen möchte.

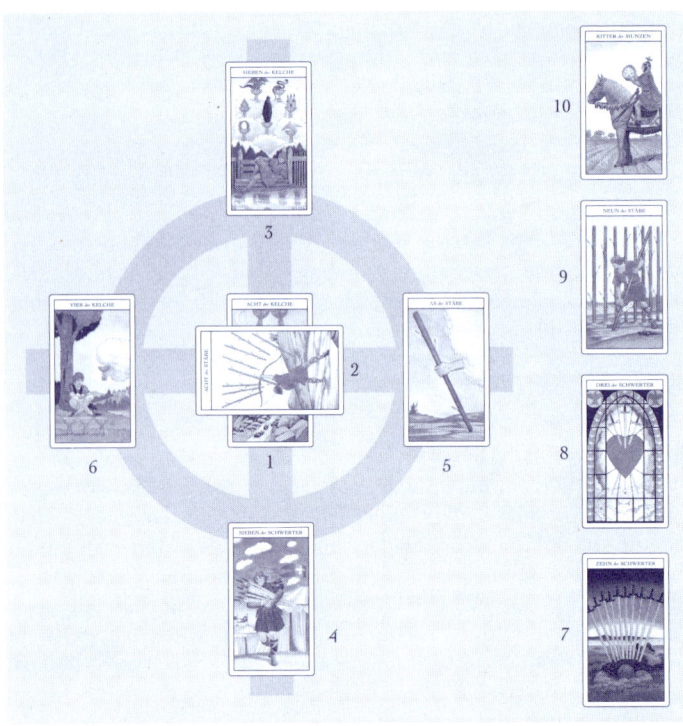

Ich bevorzuge einen strukturierten Ansatz und lese mit drei Legesystemen das Gesamtbild der Situation eines Menschen. Ich beginne mit dem Keltischen Kreuz, für das ich nur die Karten der Kleinen Arkana benutze, und erforsche so den Alltag des Betreffenden. Daraufhin lege ich mit den Karten der Großen Arkana einen Stern, um herauszufinden, was in ihm, in seiner Psyche vorgeht (siehe Seite 186–188). Zum Schluß verschaffe ich mir einen generellen Überblick, indem ich aus Großen und Kleinen Arkana ein Hufeisen lege (siehe Seite 189–191).

Catherine, eine Frau Mitte dreißig, kam zu mir, weil sie nicht wußte, welche Richtung sie einschlagen sollte. Sie behauptete, kein „echtes" Problem zu haben, wollte aber einige Punkte beruflicher und familiärer Art besprechen. Sie war verheiratet, hatte zwei kleine Kinder und arbeitete zu Hause. Ihr Geschäft brachte gerade genug ein, um ihr die Versorgung ihrer Kinder zu ermöglichen. Aber allmählich vermißte Catherine den Ansporn und die sozialen Kontakte eines Bürojobs. Ihr Mann dagegen wollte unbedingt aufs Land ziehen und ein einfacheres Leben führen. Catherine war sich nicht sicher, ob sie für das Landleben geschaffen war.

Sie zog zehn Karten der Kleinen Arkana und ich legte daraus das folgende Keltische Kreuz:

1. Ausgangssituation: Acht der Kelche

Diese Karte zeigt das Bedürfnis, eine Situation hinter sich zu lassen, in die man sehr viel Mühe und Energie gesteckt hat. Die Gestalt kehrt den sorgsam aufgestapelten Kelchen den Rücken und geht auf die kahlen Hügel zu. Catherine erkannte darin ihre berufliche Situation, ihre selbständige Tätigkeit zu Hause. Ihr Geschäft verschlang sehr viel Zeit, war nicht immer so interessant, wie sie es sich wünschen würde, und das verdiente Geld schien den Stress nicht wert. Catherine glaubte, ihr Geschäft sei nur dann lohnenswert, wenn es entweder mehr Anregung oder mehr Geld einbrächte. Da es aber weder das eine noch das andere Kriterium erfüllte, hoffte sie, eine Alternative zu finden, die ihr den geistigen Anreiz bot, der ihr im Augenblick fehlte.

2. Hinzukommende Situation: Acht der Stäbe

Die zweite Karte zeigt die Hindernisse, die Catherine derzeit im
Weg zu stehen scheinen. Die Acht der Stäbe ist eine Karte voller
Energie, Kreativität und Ideen. Sie zeigt, dass die Zeit zum Handeln gekommen ist. An zweiter Position wird diese grundsätzliche
Möglichkeit allerdings auf irgendeine Weise verzögert oder vereitelt. Catherine glaubte, die feste Struktur ihres Lebens lasse ihr weder Zeit noch Raum, die von der Acht der Stäbe angekündigten
neuen Möglichkeiten zu erforschen.

3. Bewusste Thematik: Sieben der Kelche

Die dritte Karte deutet darauf hin, dass zwar „etwas in der Luft
liegt", in Wirklichkeit aber nichts passiert. Das Bild auf der Karte
offenbart eine Reihe von Möglichkeiten, doch es sind nur nebulöse
Ideen, die noch nicht verwirklicht wurden. Catherine meinte, die
Sieben der Kelche treffe ihre Gefühle ganz genau. Sie hat viele
phantastische Ideen, aber nichts Konkretes. Damit aus dem Traum
allmählich Wirklichkeit werden kann, muss sie sich für eine Idee
entscheiden und sich darauf konzentrieren.

4. Unbewusste Thematik: Sieben der Schwerter

Die vierte Karte verrät das Bedürfnis, etwas für sich zu behalten.
Der Mann stiehlt sich heimlich davon, die Schwerter fest an die
Brust gepresst. In der Tat meinte Catherine, sich darin zu erkennen, wie sie es vermied, ihre nächsten Schritte mit ihrem Mann zu
besprechen. Er war recht zufrieden und sah abgesehen von dem
Umzug aufs Land nicht die Notwendigkeit, etwas zu ändern. Auch
er arbeitete zu Hause und mochte es, dass sie sich berufliche und
häusliche Pflichten teilen konnten. Jedesmal, wenn Catherine von
einer Arbeit außer Haus gesprochen hatte, hatte er sich aufgeregt
und alle möglichen Einwände gebracht. Meist ging es dabei um ihr
Einkommen und den Stress für die Familie, wenn sie den ganzen
Tag außer Haus arbeiten würde.

5. Das war zuvor: As der Stäbe

Die fünfte Karte zeigt die jüngste Vergangenheit. Ein kreativer Neubeginn, für den das As der Stäbe steht, war ganz klar gegeben, als Catherine ihre angesehene Arbeit in der Stadt aufgab und von zu Hause aus arbeitete. Damals war sie von der Idee, Arbeit und Familie verbinden zu können, begeistert gewesen. Seit kurzem aber hatte ihr Enthusiasmus nachgelassen, da die Routine sie langweilte und ihr der Kontakt zu den Kollegen fehlte. Gleichzeitig sah sie keine Möglichkeit, die nächste Stufe zu erklimmen, ihr Geschäft weiter auszudehnen, ohne dessen Struktur völlig zu verändern, was noch mehr Risiko und Stress bedeuten würde.

6. Das kommt danach: Vier der Kelche

Die Vier der Kelche zeigt einen Mann, der mit verschränkten Armen und düsterem Blick vor drei Kelchen sitzt. Ein vierter wird ihm aus den Wolken dargeboten. Die Vier der Kelche verrät Unzufriedenheit, obwohl es sehr viel Positives gibt. Catherine wusste, dass vieles in ihrem Leben hervorragend lief und sie dankbar dafür sein müsste. Sie identifizierte sich sehr mit dem Mann auf der Karte, denn trotz alledem war sie unzufrieden. Sie glaubte, ihre Pläne, ihr Arbeitsumfeld zu verändern, würden vereitelt, und sah nur die Schwierigkeiten, die eine Veränderung für sie selbst, ihren Mann und ihre Kinder mit sich bringen würde.

7. Die eigene Einstellung zum Thema: Zehn der Schwerter

Die Zehn der Schwerter zeigt einen von zehn Schwertern durchbohrten Mann. Dramatisch kündigt sie an, dass etwas zu Ende geht. Der körperliche Tod ist damit allerdings nicht gemeint. An diesem Platz weist die Zehn der Schwerter darauf hin, dass Catherines Bedürfnis nach Veränderung immer stärker wird und innere und äußere Faktoren eine Veränderung unvermeidlich machen. Der Schmetterling, der über dem Mann schwebt, ist ein Zeichen für Wiedergeburt und läutet einen neuen Lebensabschnitt ein.

8. Wie andere dich sehen: Drei der Schwerter

Das von drei Schwertern durchbohrte Herz ist sicher kein erfreulicher Anblick, es zeigt jedoch an, dass die Spannung nachlässt. Nach der Zehn der Schwerter steht die Drei der Schwerter für eine Art Lösung des Problems. Veränderungen sind im günstigsten Fall belastend, im schlimmsten schmerzhaft. Nach einer Zeit des Stillstands bedeutet Veränderung aber auch, dass es wieder vorwärts geht. Vermutlich wird sich Catherines Situation auf eine Weise verändern, die von anderen negativer beurteilt wird als von ihr selbst.

9. Hoffnungen und Ängste: Neun der Stäbe

Diese Karte zeigt einen bewaffneten Mann, der schützen möchte, was er besitzt. Sie deutet auf einen Kampf hin, für den genügend Kraft und Energie vorhanden sind. Vielleicht wird das Leben einige Zeit schwierig, aber die Probleme sind überwindbar. Catherine hoffte auf einen Wandel, fürchtete sich aber gleichzeitig davor, wie sich ihr Leben verändern würde. Sie erkannte, dass jede Veränderung unweigerlich mit Anfangsschwierigkeiten verbunden sein würde, glaubte aber auch, sie meistern zu können.

10. Letztendliches Ergebnis: Ritter der Münzen

Der Ritter der Münzen ist ein zuverlässiger Ritter, der langsam über ein gepflügtes Feld reitet. Die Münzen sind dem Element Erde zugeordnet und das Bild des Ritters munterte Catherine auf, da es emotionale und finanzielle Sicherheit verheißt. Alle Ritter symbolisieren eine Reise und bringen somit auch Veränderungen, doch der Ritter der Münzen ist der vor- und umsichtigste der vier. Auf dem letzten Platz scheint er Stabilität und Sicherheit nach anfänglichem Aufruhr anzukündigen, entweder weil sich Catherine aktiv darum bemühte, oder weil sie Hilfe von einem Menschen bekam, dessen Beharrlichkeit und Fleiß dieser Ritter verkörperte.

DIE GROSSEN ARKANA

Die Großen Arkana bestehen aus 22 Karten, die zusammen die Phasen im Leben eines Menschen beschreiben. Die erste Karte ist „der Narr", und die Reise durch die einzelnen Stadien der Großen Arkana ist die Reise des Narren durch das Leben. Wie jeder Mensch muss der Narr Kindheit und Jugend überstehen, bis er schließlich erwachsen wird und die vier Tugenden Gerechtigkeit, Mäßigkeit, Kraft und Klugheit (Der Eremit) kennen lernt. Dann erst befindet er sich in der Lebensmitte und muss sich der vom Rad des Schicksals symbolisierten Krise stellen, die häufig um diese Zeit eintritt. Die zweite Lebenshälfte bringt einige Gewissensprüfungen mit sich, wie der Gehängte, der Tod, der Teufel und der Turm zeigen. Hat er erst einmal ein tieferes Selbstverständnis erreicht, kann er sich weiter mit den von Stern, Mond und Sonne verkörperten höheren Prinzipien auseinander setzen. Das führt in der Karte „Das Gericht" zur Wiedergeburt und in der „Welt" zum endgültigen Triumph.

Versuchen Sie, tief in Ihrem Inneren eine Verbindung zu den Bildern herzustellen, während Sie sie ansehen. Wenn es Ihnen gelingt, Ihre persönlichen Gefühle in den einzelnen Karten wiederzufinden, wird das Ihr Verständnis vertiefen. Wie bei den Kleinen Arkana folgt nun die detaillierte Analyse der einzelnen Karten. Im Anschluss an diesen Abschnitt folgt die Beispieldeutung eines Sterns, die auf das Keltische Kreuz aus den Karten der Kleinen Arkana Bezug nimmt. Der Stern wird nur aus den Karten der Großen Arkana gelegt und soll zeigen, wie sich die Einzelbedeutungen der Karten zu einer „Geschichte" zusammenfügen. Zu guter Letzt folgt eine Beispieldeutung mit fünf Karten aus dem kompletten Kartendeck, in der die Großen und Kleinen Arkana zu einer Deutung vereint werden.

DER NARR

Der Schmet-
terling ist das
Symbol für
die Seele.

Die weiße Rose
steht für Leiden-
schaft und
Reinheit.

Die Klippe ist
die Schwelle zu
einem neuen
Lebensabschnitt.

THEMA: *Der Wunsch nach Veränderung ist stärker als die Angst*

Der Narr ist die erste Karte im Zyklus der Großen Arkana. Der Narr ist jung, sorglos und ahnt nichts von den
Gefahren, die ihm drohen, wenn er nicht auf den Weg achtet. Er befindet sich am Rande eines Abgrunds und ähnelt einem Kind im Mutterleib kurz vor der Geburt: Bald wird er

über die Klippe ins weltliche Leben übertreten. Er guckt in die Luft und ein Schmetterling, der in der heidnischen Kunst die Seele symbolisiert, folgt ihm. In der einen Hand hält er den Stock mit seinem Bündel, das für die Vergangenheit steht und das er nun kurz vor dem Beginn eines neuen Lebensabschnitts nicht mehr braucht. Die weiße Rose in der anderen Hand ist ein Symbol für Leidenschaft und Reinheit. Noch weiß er nicht, wohin ihn seine Reise führen wird und welche Abenteuer er bestehen muss. Sein Hund sieht fragend zu ihm auf, als wolle er wissen, wohin es geht, aber der Narr beachtet ihn nicht. Er ist viel zu sehr damit beschäftigt, den Augenblick zu genießen und Pläne zu schmieden.

Deutung

Der Narr steht für einen neuen Anfang. Gewöhnlich haben wir bei jedem Neubeginn gespaltene Gefühle, Angst mischt sich unter die Aufregung: Man freut sich darauf, neue und interessante Dinge zu erleben, verspürt aber gleichzeitig Zweifel und Furcht.

In einer Legung kündigt der Narr an, dass etwas Neues geschehen wird. Vielleicht bietet sich Ihnen eine neue Gelegenheit. Vielleicht halten Sie die derzeitige Situation aber einfach nicht mehr aus und müssen sich aus ihr lösen. Sehen Sie sich den Narren an, der gleich den Rand der Klippe erreicht haben wird: Weiterzugehen kann gefährlich sein, doch er ist voll Freude und Vertrauen. Sein Hund versucht, ihn vor drohenden Gefahren zu warnen, aber der Narr nimmt keine Notiz von ihm. Vielleicht wissen Sie noch nicht, in welche Richtung sich Ihr Leben verändern soll, doch mit dem Narren unter Ihren Karten können Sie sicher sein, dass das Bewährte Sie nicht mehr zufriedenstellt und Sie ein Risiko eingehen müssen, um etwas zu verändern.

DER MAGIER

Eine Hand zeigt zum Himmel, die andere zur Erde. Der Magier ist die Verbindung zwischen beidem.

Die sich in den Schwanz beißende Schlange ist ein Symbol für die Ewigkeit.

Die vier Symbole der Kleinen Arkana stehen für die vier Elemente.

Die Lemniskate, die liegende Acht, ist das Symbol der Unendlichkeit.

THEMA: *Neue Anfänge, Gelegenheiten und Talente*

Ein dunkelhaariger Mann steht unter einem Bogen aus weißen und roten Rosen in einem Garten mit weißen Lilien und roten Rosen. Die weißen Lilien stehen für die Reinheit des Geistes, die roten Rosen für Leidenschaft und Verlangen. Zusammen symbolisieren sie Einheit und Ba-

lance. Der fruchtbare Garten spiegelt das unerschöpfliche
Potential des Magiers wider. Zum Zeichen seiner guten
Absicht trägt er eine weiße Tunika. Sein Gürtel ist eine
Schlange, die sich in den eigenen Schwanz beißt, das Symbol der Ewigkeit. Sein purpurfarbener Umhang zeigt, dass
er sich seiner Wünsche bewusst ist und sie akzeptiert. In
der linken Hand, der Hand der Kreativität, hält er seinen
Zauberstab und zeigt damit zum Himmel. Mit der rechten
Hand, der Hand der Tat, zeigt er zur Erde. Der Magier bil-
det die Brücke zwischen den beiden Welten. Vor ihm steht
ein Tisch, dessen Seiten mit liegenden Achten, mathemati-
schen Unendlichkeitssymbolen, geschmückt sind. Auf dem
Tisch befinden sich die vier Symbole der Kleinen Arkana:
Münze, Kelch, Schwert und Stab, die ihrerseits für die vier
Elemente Erde, Wasser, Luft und Feuer stehen.

Deutung

Wie die Symbole auf dem Tisch zeigen, ist der Magier eine
Karte voller Energie und Potential. In einer Legung bedeutet
er, dass sich Ihnen neue Möglichkeiten eröffnen werden. Um
sie nutzen zu können, müssen Sie zuerst wissen, welchen
Weg Sie einschlagen möchten. Ihr Ziel kann materieller
(Münzen), emotionaler (Kelche), intellektueller (Schwerter)
oder kreativer (Stäbe) Natur sein. Der Magier lässt Ihnen die
Wahl. Die Entscheidung liegt bei Ihnen.

Nach dem Narren, der nicht weiß, welche Möglichkeiten
er hat, erscheint der Magier als Führer: Er zeigt die Richtungen an und gibt Ihnen eine Vorstellung davon. Aber die Verantwortung für die Entscheidung übernimmt er nicht. Auf-
blitzendes Wissen, Vorahnungen oder Hinweise sind das
Werk unseres inneren Magiers. Da er aber auch ein Gaukler
ist, sind wir uns des Weges, den er uns weist, oft nicht sicher.

DIE HOHEPRIESTERIN

Der zunehmende Mond steht für das Versprechen neuer Möglichkeiten.

Die Krone aus Gänseblümchen ist das Symbol der Unschuld.

Die beiden Säulen, eine schwarze und eine weiße, symbolisieren die ewigen Gegensätze.

Die weißen Narzissen stehen für die Wiedergeburt.

THEMA: *Enthüllungen von Geheimnissen und Mysterien*

D ie Hohepriesterin ist eine schöne junge Frau, die zwischen einer weißen und einer schwarzen Säule sitzt. Sie hält die ewigen Gegensätze zusammen: Tag und Nacht, männlich und weiblich, Erschaffen und Zerstören. Beide Säulen schmückt ein zunehmender Mond, der den ersten

Abschnitt eines Zyklus' symbolisiert. Die Hohepriesterin trägt ein einfaches weißes Gewand, das Zeichen ihrer Reinheit. Weiße Gänseblümchen, die Blumen der Unschuld, sind ihre Krone. Der Vorhang zwischen den beiden Säulen ist mit Granatäpfeln verziert, den samenreichen Früchten der Liebe und der Fruchtbarkeit. Weiße Narzissen, Symbole für Tod und Wiedergeburt, liegen im Schoß der Hohepriesterin.

Deutung

Die Hohepriesterin ist eine geheimnisvolle und faszinierende Karte. Die Frau sitzt vor einem Vorhang, hinter dem man einen Blick auf Wasser erhaschen könnte. Was sich noch dahinter verbirgt, bleibt unklar. In der Welt der Hohepriesterin keimen Ideen, die als Träume oder Intuition ins Bewusstsein dringen. Nur schwer lässt sich darin ein einheitliches Muster erkennen. Die Hohepriesterin sitzt zwischen den Säulen der Gegensätze, zwischen Bewusstsein und Unterbewusstsein. Sie ist der Filter, durch den kreative Ideen und Intuition dringen.

Man kann in der Hohepriesterin die weibliche Seite des Magiers sehen. Diese Karte offenbart, dass Sie nun Geheimnisse aufdecken und neue Erkenntnisse über sich selbst und das Leben gewinnen müssen. Die Hohepriesterin ist dem Neumond zugeordnet, der wiederum die Jungfrau, das noch unverwirklichte Potential symbolisiert. In einer Legung kann diese Karte andeuten, dass etwas in den Tiefen Ihres Unterbewusstseins heranwächst. Sie sind sich dieses Vorgangs zwar bewusst, was da aber heranwächst, erfahren Sie erst im Augenblick der Geburt. Der Hohepriesterin muss man sich mit Geduld und Einfühlungsvermögen nähern, andernfalls behält sie ihre Geheimnisse für sich.

DIE HERRSCHERIN

Der Wasserfall ist ein Bild für die Vereinigung von Mann und Frau, aus der ein Kind hervorgeht.

Das Korn symbolisiert Fruchtbarkeit und Fülle der Erde.

Die zwölf Sterne der Krone stehen für die zwölf Tierkreiszeichen.

Ihre Kette besteht aus zehn Perlen, eine Perle für jeden Planeten.

THEMA: *Kreativität, Fruchtbarkeit und Beziehungen*

Die Herrscherin, eine schöne Frau, befindet sich mitten in einem goldenen Kornfeld. Das Korn ist das Symbol für Fülle und Fruchtbarkeit, das Reich der Herrscherin. Aus dem Füllhorn zu ihren Füßen quellen die reichen Früchte der Erde, im Schoß hält sie ein Gerstenbündel. Ihr

weit geschnittenes Kleid deutet eine mögliche Schwanger-
schaft an. Sie ist die Königin der Natur, ihr Kleid ist mit den
roten Rosen der Leidenschaft bestickt, Blätter schmücken
den Saum. Zehn Perlen hat ihre Kette, eine für jeden Planeten unseres Sonnensystems. Ihre Krone besteht aus
zwölf Sternen, die die Sternzeichen und die Monate des
Jahres symbolisieren. Hinter ihr befindet sich ein Wasserfall, ein Bild für die Vereinigung von Mann und Frau, aus
der ein Kind hervorgeht.

Deutung

Die Herrscherin steht für natürliche, erdverbundene Kreativität. Sie ist die Mutter, die ihre Kinder zur Welt bringt, sie
nährt und liebevoll aufzieht. In einer Legung geht diese
Karte möglicherweise einer Beziehung, Ehe oder Familien-
gründung voran. Vielleicht bezieht sie sich auch auf ein Li-
teratur- oder Malprojekt, oder ein anderes künstlerisches
Vorhaben. Die Herrscherin steht für das greifbare Ergebnis
des von der Hohepriesterin symbolisierten Reifeprozesses.
    Die Herrscherin gebietet über den Tag. Die Narzissen-
zwiebel wächst in der dunklen Welt der Hohepriesterin, bis
sie bereit ist, sich ans helle Licht des Tages, ins Reich der
Herrscherin zu wagen. Die Hohepriesterin ist der jungfräu-
liche Neumond voller Versprechen. Die Herrscherin steht
für den Vollmond und das ausgeschöpfte Potential. Zusammen verkörpern sie die dunkle und die helle Seite der
Weiblichkeit. In einer Legung kündet die Herrscherin eine
Zeit des Überflusses, der Fruchtbarkeit und der häuslichen
Stabilität an. Sie steht für die Sicherheit und Zufriedenheit,
für die körperliche Annehmlichkeiten sorgen; sie deutet auf
die Befriedigung hin, die man verspürt, wenn etwas zur
Reife gelangt.

DER HERRSCHER

Die Goldkrone ist das Symbol weltlicher Autorität.

Die Gewänder des Herrschers sind rot und violett, die Farben der Herrschaft und Macht.

Die kahlen Hügel stehen für die Sterilität einer Welt, die allein auf Autorität und Disziplin beruht.

Der Schild mit dem Adler ist das Zeichen für den in der materiellen Welt gefangenen Geist.

THEMA: *Autorität, Ehrgeiz und materielle Stabilität*

Der Herrscher sitzt auf dem mit Adlerköpfen geschmückten, viereckigen Thron weltlicher Macht. Dem königlichen Adler wurde die Ehre zuteil, höher fliegen und besser sehen zu können als alle anderen Vögel. An den Thron lehnt ein mit einem Adler gravierter Schild. Er

symbolisiert den in der materiellen Welt gefangenen Geist.
Der Thron ist leicht nach rechts gedreht, zur Seite der Tat.
In der linken, der kreativen Hand hält der Herrscher den
Reichsapfel, um zu zeigen, dass er die Gesetze der Welt
versteht. Das Zepter in seiner rechten Hand ist das Symbol
männlicher Macht. Er ist in Rot und Violett, den Farben
der Herrschaft, gekleidet, die goldene Krone verrät seine
weltliche Autorität. Die kahlen Hügel hinter ihm sind ein
Sinnbild für die Sterilität einer männlichen Welt, die einzig
und allein auf Autorität und Disziplin beruht.

Deutung

Wie die Herrscherin für die Mutter steht, steht der Herrscher
für den Vater. Die Herrscherin versinnbildlicht die Kraft des
Körpers und der Natur, der Herrscher die Macht des Geistes
und der Gesellschaft. Zusammen sind sie im Gleichgewicht.
Im Tarot ist der Herrscher der Inbegriff traditioneller männlicher Autorität und Strukturen. Allen Problemen und Fragen nähert er sich mit Logik.

Der Herrscher wird als mächtiger, einflussreicher Mann
dargestellt: Er trägt die violetten Gewänder des Herrschers, die Krone verleiht ihm Autorität. Seine Aufgabe ist
es, die Welt für sich und andere zu organisieren.

In einer Legung fordert der Herrscher Sie daher auf, in
Ihrer Welt die Kontrolle zu ergreifen. Vielleicht sollten Sie
sich Ihren eigenen Aufgabenbereich schaffen, den Arbeitsplatz wechseln oder eigenen Besitz erwerben. Der Herrscher verkörpert die Energie, die man braucht, um wirkliche Veränderungen herbeizuführen oder Ideen in die Tat
umzusetzen. Er steht für Disziplin, Ziele und ist von hilfrei-
chem Einfluss bei Veränderungen, denn seine Kraft bewegt
etwas und sorgt dafür, dass Dinge geschehen.

DER HOHEPRIESTER

Die dreistufige
Krone steht
für Körper,
Geist und
Seele.

Die erhobene
Hand nimmt
Bezug auf den
Grundsatz:
„Wie oben, so
unten."

Die gekreuzten
Gold- und
Silberschlüssel
stellen die
harmonische
Vereinigung
männlicher
und weiblicher
Kräfte dar.

THEMA: *Suche nach spirituellem Sinn*

Der Hohepriester ist das Gegenstück zur Hohepriesterin und stellt die spirituelle Seite des Mannes dar. Auch er sitzt zwischen zwei Säulen, gleicht die Gegensätze männlich und weiblich, Tag und Nacht aus. Er trägt ein einfaches weißes Gewand, das Symbol des reinen Geistes,

und eine dreistufige Krone, die Körper, Geist und Seele sowie das Verständnis für die körperliche, emotionale und
geistige Ebene symbolisiert. Um den Hals hat er eine Kette
mit gekreuzten Schlüsseln. Der eine ist aus Gold und steht
für den männlichen, der andere ist aus Silber und steht für
den weiblichen Aspekt. Zusammen bilden sie eine harmonische Einheit. Die linke Hand hat er erhoben, Zeige- und
Mittelfinger sind gestreckt, Daumen, Ring- und kleiner
Finger zeigen zur Handfläche. Diese Geste nimmt auf den
Grundsatz „Wie oben, so unten" Bezug. Was auf der Erde
geschieht, ist ein Spiegel des Himmels.

Deutung

Die Herkunft dieser Karte ist nicht vollständig geklärt,
doch ihre Bedeutung liegt sicher in spirituellem Wissen
oder zumindest dem Verlangen danach, und ist nicht auf
einen Glauben oder Lehre beschränkt. Im Kern steht der
Hohepriester für den Drang des Menschen, seine höhere
Natur zu verstehen.

In einer Legung offenbart der Hohepriester den Wunsch
nach einem Lebenssinn, der tiefer geht als das Verlangen
nach materiellem Erfolg oder gesellschaftlichem Ansehen.
Vielleicht möchten Sie mit Hilfe von Büchern Ihre spirituelle Seite erforschen. Möglicherweise begegnet Ihnen aber
auch ein Lehrer, Mentor, Priester oder Psychotherapeut,
der Ihnen Zugang zu Ihrer spirituellen Seite verschafft.
Welchen Weg Sie einschlagen ist unerheblich. Diese Karte
kündet stets eine Zeit an, in der Ihnen das banale, weltliche
Leben nicht mehr genügt und Sie die starke Neigung verspüren, sich auf die Suche nach innerer Bedeutung und einem größeren Lebenssinn zu machen.

DIE LIEBENDEN

Amor zielt mit Pfeilen der Liebe und des Hasses auf die Herzen der Sterblichen.

Das gelbe Hemd des Mannes steht für geistige Energie, die blaue Tunika für Kommunikation.

Weiß ist die Farbe der Unschuld.

Das kräftige Rosarot des Kleides ist die Farbe des Verlangens.

Die Rose ist die Blume der Liebe.

THEMA: *Liebe und Entscheidung*

Diese Karte zeigt einen jungen Mann zwischen zwei Frauen. Er scheint verwirrt, als wisse er nicht, für welche er sich entscheiden sollte. Sein Hemd ist gelb, die Farbe der geistigen Energie, seine Tunika blau, die Farbe der Kommunikation. Die eine Frau ist jung, blond und trägt

weiße Kleider in der Farbe der Unschuld. Die andere Frau
ist etwas älter, hat dunkle Haare und trägt ein rosafarbenes
Kleid in der Farbe des Verlangens. Amors goldener Pfeil ist
auf den jungen Mann gerichtet. Wenn er ihn in sein Herz
schießt, wird er in leidenschaftlicher Liebe zu dem ersten
Menschen entbrennen, den er erblickt. Im Hintergrund blühen Rosen, die Blumen der Liebe. Der junge Mann muss
sich zwischen den beiden Frauen entscheiden und die Entscheidung für eine von ihnen bedeutet gleichzeitig den Ver-
zicht auf eine mögliche Beziehung zur anderen.

Deutung

Diese Karte hat viele Facetten, die alle bei der Deutung bedacht sein wollen. Schon der Titel „Die Liebenden" legt nahe, dass es hier um Herzensangelegenheiten geht. Das kann,
muss aber nicht der Fall sein. Im Kern bedeutet diese Karte,
dass eine Entscheidung ansteht. Wer sich für einen Menschen, eine Idee, eine Art zu leben entscheidet, schließt dadurch andere Möglichkeiten aus. Die naheliegendste Deutung ist eine Entscheidung zwischen zwei Menschen, und in
diesem Sinne werden die Liebenden auch auf den meisten
Kartenspielen dargestellt: Ein junger Mann muss zwischen
zwei sehr unterschiedlichen Frauen wählen. Die eine ist älter und weiser, die andere jünger und hübscher. Diese Karte
kann die Wahl zwischen Mutter und Geliebter oder auch
zwischen spiritueller und weltlicher Liebe andeuten.

In einer Legung weist sie vermutlich auf eine in Ihrem
Leben anstehende Entscheidung hin. Dabei sollten Sie die
möglichen Folgen sorgfältig abwägen, ehe Sie Ihre endgül-
tige Wahl treffen. Vergessen Sie nicht, dass eine Wahl, die
scheinbar großen Nutzen verspricht, ebenso große Nachteile haben kann.

DER WAGEN

Mars, der Planet des Krieges, ist Zweitherrscher des Sternzeichens Skorpion.

Rot ist die Farbe der Leidenschaft und der Aggression.

Das schwarze und das weiße Pferd ziehen in unterschiedliche Richtungen und stellen die Spannung zwischen den Gegensätzen dar.

THEMA: *Spannung und Kampf*

Das Bild auf dieser Karte zeigt einen Mann auf einem Streitwagen, der von zwei Pferden, Symbolen der Energie und der Aktivität, gezogen wird. Ein Pferd ist schwarz, das andere weiß. Sie verkörpern Gegensätze wie Herz und Kopf, hell und dunkel. Es ist Aufgabe des Wagen-

lenkers, ein Gleichgewicht herzustellen. Da jedes Pferd in eine andere Richtung zieht, fällt ihm die Kontrolle schwer. Er
ist ein Symbol für das Ego, das von den widerstreitenden
Gefühlen der übrigen Persönlichkeitsanteile belagert wird.

Der Wagenlenker ist für die Schlacht gekleidet. Sein
Umhang ist rot wie die Leidenschaft. Leer und staubig liegt
das Schlachtfeld hinter ihm. Die Wolken über ihm sind
dunkel und der Himmel wirkt bedrohlich.

Deutung

Der Wagen stellt den inneren Kampf eines Menschen dar,
der letztendlich zum Sieg führt. Wenn man die nächsthöhe-
re Stufe erreichen möchte, ist dieser Kampf unumgänglich.
Doch ist sie erst geschafft, begegnet man der nächsten Herausforderung und der Kreis beginnt von Neuem. Nur indem wir kämpfen, wachsen und verändern wir uns. Die ver-
schieden farbigen Pferde stehen für die Probleme, denen wir
uns stellen müssen, wenn wir widersprüchliche Gefühle und
Gedanken ins Gleichgewicht bringen möchten. Der Wagenlenker muss also Gedanken und Gefühle zumindest soweit
vereinen, dass es in eine Richtung vorwärts geht.

Mit dieser Karte in einer Legung fühlen Sie vielleicht
das eine, doch Ihr Kopf und Ihr Denken raten Ihnen, genau
das Gegenteil davon zu tun. Wie gehen Sie mit diesem Wi-
derspruch um und wie entscheiden Sie, ob Sie Ihrem Herzen oder Ihrem Kopf folgen werden? Finden Sie einen
Kompromiss wie der Wagenlenker, der versucht, beide
Pferde dazu zu bringen, etwas nachzugeben und sich in der
Mitte zu treffen? Der Wagen sagt Ihnen, dass die Zeit reif
ist, widerstreitende und möglicherweise aggressive Kräfte
in sich zu erkennen und zu versöhnen, damit ein Fortschritt
möglich wird.

DIE GERECHTIGKEIT

Das Violett des Vorhangs ist die Farbe der Weisheit.

Der gelbe Kopfschmuck steht für mentale Verständigung.

Die Frau hält das Schwert der Wahrheit aufrecht in der Hand der Tat.

Die Waage symbolisiert das perfekte Gleichgewicht.

Das Kleid ist grün, Farbe der Liebe und Heilung; der Umhang rot, in der Farbe der Leidenschaft und Entschlossenheit.

THEMA: *Durch Logik erreichtes seelisches Gleichgewicht*

Die Frau auf dieser Karte sitzt zwischen zwei Säulen, Gerechtigkeit und Gnade, und vor einem violetten Vorhang in der Farbe der Weisheit. Sie hält das Schwert der Wahrheit aufrecht, um zu zeigen, dass Weisheit jede Illusion zerstört und die Wahrheit enthüllt. Das Schwert befindet sich in ihrer rechten Hand, der Hand der Tat. In der Linken hält sie eine Waage, das Symbol des perfekten Gleichgewichts. Über dem grünen Kleid in der Farbe der Heilung trägt sie einen roten Umhang, für Leidenschaft und Entschlossenheit. Alles zusammen repräsentiert Gleichgewicht. Eine Eule, der Vogel der Weisheit, sitzt neben der Gerechtigkeit. Die Eule ist für ihre scharfen Augen, die auch im Dunkeln sehen, bekannt.

Deutung

Die Gerechtigkeit ist die erste der vier Kardinaltugenden in den Großen Arkana. Die anderen sind Klugheit (Der Eremit), Mäßigkeit und Kraft. Mit dem Schwert der Wahrheit und der Waage der Gleichheit mahnt sie uns, auf unsere Gedanken zu achten und die Notwendigkeit logischen Denkens zu verstehen. Wie Schwert und Waage offenbaren, die Symbole für männlich und weiblich sind, strebt Gerechtigkeit nach Perfektion und Gleichheit. Die Gerechtigkeit zeigt die einzigartige Fähigkeit unseres Denkens zu Analyse und kritischem Urteil.

In einer Legung mahnt uns die Gerechtigkeit, bei der Suche nach einer gerechten Lösung für ein Problem logisch und vernünftig abzuwägen, statt Gefühl oder Intuition zu vertrauen. Die Karte kann sich in der Tat auf eine rechtliche Angelegenheit beziehen. Vielleicht sollte aber auch eine anstehende Entscheidung objektiv und nicht vom Gefühl bestimmt gefällt werden. Gerechtigkeit ist eine Tugend, und da Tugenden gleichzeitig Ideale sind, können wir sie nie völlig verwirklichen. Das Ziel der Gerechtigkeit ist Fairness und Gleichheit, doch in einer ungerechten Welt ist das ein unerfüllbarer Traum. Trotzdem müssen wir danach streben, da wir nur so die Gesellschaft verbessern können.

DIE MÄSSIGKEIT

Der Regenbogen ist das Bild eines Versprechens.

Der Engel gießt das Wasser des Gefühls vom goldenen Kelch, dem Symbol für das Bewusstsein, in den silbernen, der für das Unterbewusstsein steht.

Das Dreieck steht für Körper, Geist und Seele.

Das Wasser repräsentiert die Gefühlswelt.

THEMA: *Gemeinschaft und Anteilnahme*

Die Mäßigkeit ist eine Gestalt mit Flügeln in den Farben des Regenbogens. Sie gießt eine Flüssigkeit von einem goldenen in einen silbernen Kelch. Der Silberkelch ist dem Mond zugeordnet, verkörpert das weibliche Prinzip und das Unterbewusstsein. Er befindet sich in der linken

Hand der Kreativität. Der Goldkelch ist der Sonne zugeordnet, steht für das männliche Prinzip und das Bewusstsein, und befindet sich in der rechten Hand der Tat. Der Austausch zwischen den Kelchen steht für den nötigen Austausch zwischen Bewusstsein und Unterbewusstsein.

Das Gewand des Engels ist mit einem Dreieck verziert, dessen Spitze nach oben zeigt und das von einem Viereck umgeben ist. Dies verrät die Fähigkeit des Geistes, sich über den Körper zu erheben. Um den Kopf trägt der Engel einen Silberstern an einem goldenen Band, auch das ein Hinweis auf das Gleichgewicht von männlich und weiblich. Der Engel hat einen Fuß auf dem Boden, den anderen hält er ins Wasser. Dies offenbart die Fähigkeit, Innen- und Außenwelt miteinander zu verbinden. In der Ferne sind zwei Berggipfel zu sehen, dazwischen verläuft der „goldene Mittelweg". Die aufgehende Sonne verheißt neue Hoffnung, der Regenbogen ist Versprechen und Hoffnungssymbol zugleich.

Deutung

Die Mäßigkeit ist wie die Gerechtigkeit eine Karte des Ausgleichs. Gerechtigkeit steht für harmonisches Denken, Mäßigkeit für ausgeglichene Gefühle. Das Wasser, das von einem Kelch in den anderen fließt, zeigt an, dass Gefühle stets im Fluss sein sollten. Das von einem Gefäß ins andere fließende Wasser spiegelt sowohl die Vermittlerrolle zwischen dem Bewusstsein und dem Unterbewusstsein als auch die Gefühle zwischen zwei Menschen. Die Mäßigkeit (eine Tugend) offenbart, dass der Schlüssel zur Zufriedenheit im rechten Maß liegt. Diese Karte steht für Erfolg in Beziehungen, da sie einen gerechten Austausch offenbart. Vermutlich ist die Zeit günstig, sich auf Gefühle und Beziehungen zu konzentrieren.

DIE KRAFT

Die Sonne steht für die männliche Energie.

Rote Rosen und weiße Lilien vereinen das männliche und weibliche Prinzip harmonisch.

Der Löwe ist ein kraftvolles Sonnentier, Symbol männlicher Kraft und Aggression.

Das weiße Gewand steht für den Mond und die weibliche Energie.

THEMA: *Mut und innere Stärke*

Die Karte Kraft zeigt eine schöne Frau im weißen Gewand der Unschuld. Im Haar trägt sie rote Rosen und weiße Lilien, Symbole der Leidenschaft und geistiger Reinheit. Die Frau hält das Maul des Löwen auf, als wolle sie ihn beruhigen und unschädlich machen. Sie verkörpert den

Mond oder das weibliche Prinzip, während der gelbe Löwe die Sonne oder das männliche Prinzip darstellt. Es sollte stets ein Ausgleich zwischen diesen beiden angestrebt werden. Das Bild einer Frau im Kampf mit dem Löwen mag merkwürdig wirken, doch man hat den Eindruck, als sei die innere Stärke der Frau der äußeren Stärke des Löwen ebenbürtig.

Deutung

Es liegt wohl nahe zu glauben, die Kraft weise in einer Legung auf eine bestimmte Situation hin, in der Kraft entweder erforderlich oder vorhanden ist. Das trifft zwar zu, man sollte aber nicht vergessen, dass diese Kraft nicht unbedingt körperlicher Natur sein muss. Zwar zeigt das Bild auf der Karte eine Frau im Kampf mit einem Löwen, doch hier geht es nicht nur darum, einen Kampf im wörtlichen Sinne zu gewinnen. Es kann auch ein innerer Kampf gemeint sein. Die Frau auf dem Bild will den Löwen nicht töten, sondern nur vermeiden, dass er jemanden verletzt. Sie hält sein Maul auf und verhindert so, dass er zubeißt oder sich wehrt. Sie will auch seine Energie nicht vernichten.

Der Löwe ist das Symbol für das „Ich will", den egoistischen Trieb, den jeder von uns besitzt und der unser Überleben sichert. Doch wenn das Zusammenleben mit anderen erfolgreich sein soll, müssen wir diesen Trieb unter Kontrolle halten.

In einer Legung veranschaulicht die Kraft, dass wir unsere Triebe kontrollieren müssen, ohne sie zu unterdrücken. Die Frau ist ein Symbol für Selbstdisziplin und innere Stärke, und wir täten gut daran, diese Eigenschaften ebenfalls zu erwerben. Sie versehen uns mit dem Wissen, kraftvolle Energie in einer konstruktiven Weise zu gebrauchen.

DER EREMIT

Im Gegensatz zum Narren achtet der Eremit auf seinen Weg.

Die Laterne steht für das innere Licht.

Der Stab dient ihm auf seiner beschwerlichen Reise als Stütze.

Die Schlange ist ein Symbol der Verwandlung.

THEMA: *Klugheit und Geduld*

Der Eremit ist ein alter Mann mit langem weißen Bart, Zeichen des Alters und der Weisheit. In kahler Landschaft und unter dunklem Himmel folgt er einem steinernen Pfad. Seine Laterne, das Symbol innerer Erleuchtung, ist die einzige Lichtquelle. Er trägt ein einfaches Reisegewand,

sein Stab stützt ihn auf seiner Reise. Er hält die Augen ge-
senkt, den Blick fest auf den Weg gerichtet. Der Eremit ist
der Narr, der bereits die Hälfte seiner Reise zurückgelegt
hat. Unbekümmert zog der Narr los, am Stab baumelte sein
Bündel. Er sah in die Luft, nicht auf den Weg. Der Narr
war ein Bild sorgloser, vertrauensvoller Jugend. Der Eremit ist älter und weiser. Er stützt sich auf seinen Stab, weiß
um mögliche Schwierigkeiten. Die Schlange zu seinen Füßen ist ein Zeichen der Transformation, da sie die Haut der
Jugend abstreift und mit dem Alter eine neue bekommt.

Deutung

Der Eremit ist die Karte der Geduld und Reife. Seine Laterne zeigt, dass ihn ein inneres Licht auf dem rechten Weg
hält, wie trostlos das Leben auch werden mag. Die vierte
Kardinaltugend, die Klugheit, ist ihm zugeordnet. Der Eremit weiß aus eigener Erfahrung um die Bedeutung von
Vorsicht und Wachsamkeit.

In einer Legung deutet der Eremit an, dass es Zeit ist,
sich aus der Außenwelt zurückzuziehen und nach innen zu
blicken – Zeit für Meditation und inneres Verständnis. Diese Karte spiegelt keinen Mangel an Beziehungen, sondern
den Wunsch, Zeit alleine zu verbringen und das eigene Innenleben zu erforschen. Diese Karte bringt eine veränderte
Wahrnehmung, den Übergang von der Jugend zur Lebensmitte. Der Eremit zeugt von dem tiefen Verständnis, dass
das Leben nicht gleich bleibt und die Jugend nicht ewig
währt. Wer diese Tatsache akzeptiert, erfährt Frieden und
Ruhe. Der Eremit gewährt uns Weisheit, Geduld und eine
neue Hochachtung vor dem Leben, dessen wahren Wert
wir erst dann verstehen, wenn wir erkennen, wie flüchtig es
ist.

DAS RAD *des* SCHICKSALS

Der Mann an der Spitze sagt: „Ich herrsche."

Der im Aufstieg begriffene Mann sagt: „Ich werde herrschen."

Der Mann ganz unten sagt: „Ich bin ohne Herrscher."

Das Schicksal ist unvorhersehbar, denn Fortunas Augen sind verbunden.

Der im Abstieg begriffene Mann sagt: „Ich habe geherrscht."

THEMA: *Die Unbeständigkeit des Glücks*

Das Rad des Schicksals zeigt Fortuna, die Göttin des Glücks. Sie dreht das Rad des Lebens, verhilft zum Aufstieg und ist Schuld am Fall. Zwar trägt sie das violette Gewand der Weisheit, aber ihre Augen sind verbunden, um zu zeigen, dass sich das Schicksal willkürlich entfaltet. Fortuna steht mit ausgestreckten Armen im Rad. Ein Mann klammert sich fest und hofft, mit der nächsten Umdrehung an die Spitze zu gelangen. Ein anderer nähert sich dem Tiefpunkt. Oben auf dem Rad sitzt ein Mann mit Krone, stolz und sicher. Unten kriecht ein Mann, der ganz vom Rad herabgefallen ist. Jeder dieser Männer hat ein Motto. Der im Aufstieg begriffene Mann sagt: „Ich werde herrschen"; der Mann an der Spitze sagt: „Ich herrsche"; der im Abstieg begriffene Mann sagt: „Ich habe geherrscht", und der Mann am Tiefpunkt des Rades sagt: „Ich bin ohne Herrscher". Es ist ein Bild für die Stadien, die wir alle kennen: Zeiten des Glücks und guter Gelegenheiten, und Zeiten der Armut und des Kampfes.

Deutung

Das Rad des Schicksals erinnert uns daran, dass wir zwar einerseits die Kontrolle über unser Leben haben, andererseits aber auch wieder nicht. Wir können zwischen verschiedenen Wegen und Taten wählen, wandeln aber immer auf dem schmalen Grat zwischen Schicksal und freiem Willen. Was zufällig oder schicksalhaft scheint, ist vielleicht Teil eines Musters, und die vermeintliche Katastrophe erweist sich als das sprichwörtliche „Glück im Unglück".

Das Rad des Schicksals kündigt an, dass sich die Umstände ändern und eine neue Phase beginnt, in der es entweder aufwärts oder abwärts geht. Der Weise nimmt den Abstieg gelassen hin, denn er weiß, dass auch die Zeit des Aufstiegs kommen wird. Der wahrhaft Weise aber weiß, dass weder Glück noch Pech ewig währen. Das Rad des Schicksals zeigt uns nicht, in welche Richtung sich unser Glück wandelt. Manchmal lässt sich das aber aus den umliegenden Karten erkennen.

DER GEHÄNGTE

*Die zwölf Äste
stehen für
die zwölf
Tierkreis-
zeichen.*

*Das Bein bil-
det ein umge-
kehrtes Drei-
eck, den Fluss
vom Höheren
zum Niedrige-
ren.*

*Das Wasser
ist das Symbol
des Unterbe-
wusstseins.*

*Das rote
Beinkleid
symbolisiert
Leidenschaft,
das weiße Rein-
heit.*

*Das Hemd ist
grün, Farbe
der Liebe und
der Heilung.*

THEMA: *Opfer*

Diese Karte zeigt einen zwischen zwei Bäumen hängen-
den Mann. Jeder Baum hat sechs Aststümpfe, zusammen stehen sie für die zwölf Tierkreiszeichen. Der rechte
Fuß des Mannes (rechts ist die Seite der Tat) ist gefesselt, er
ist handlungsunfähig. Das rote und weiße Beinkleid stehen

für Leidenschaft und Reinheit, das grüne Hemd für Liebe und Heilung, die rote Tunika für Verlangen. Die Hände auf dem Rücken zeigen, dass er nicht vorhat, einzugreifen. Das linke Bein bildet ein umgekehrtes Dreieck. Es symbolisiert den Fluss vom Höheren zum Niedrigeren, vom Bewusstsein ins Unterbewusstsein. Die ruhige Wasserlake unter dem Mann stellt sein Unterbewusstsein dar. Das Gesicht des Mannes ist gelassen und friedlich. Die Augen sind offen, ohne jede Angst. Eine Art Heiligenschein umgibt seinen Kopf, Inbegriff für das Licht in der Dunkelheit.

Deutung

Der Gehängte ist ein merkwürdiger Anblick. Die Karte ist kein Hinweis auf Gewalt; die umgekehrte Position des Mannes steht für eine neue Perspektive. Dafür, die Welt einmal aus einem anderen Blickwinkel zu betrachten. Wenn Sie sich den Mann genau ansehen, werden Sie feststellen, wie ruhig und zufrieden er wirkt. Der Gehängte offenbart das Bedürfnis nach einer neuen Lebenseinstellung und weist auf ein freiwilliges Opfer hin.

In einer Legung möchte Sie der Gehängte auffordern, Ihre Vorstellungen mit Ihren Erfahrungen zu vergleichen. Möglicherweise sind Sie dazu erst dann in der Lage, wenn Sie einiges losgelassen und Platz für Neues geschaffen haben. Ein Opfer zu bringen bedeutet, etwas loszulassen, und nicht mehr als die Hoffnung zu haben, dass etwas Besseres an seine Stelle treten wird. Nur Sie allein können sich dazu entscheiden. Niemand kann Sie zwingen, und egal wie Ihre Entscheidung ausfällt, Sie müssen die Verantwortung dafür tragen. Vielleicht müssen Sie in Ihr Unterbewusstsein eintauchen, um zu erkennen, was wirklich wichtig ist, um Ihr Leben zu verändern.

DER TOD

*Die Kopfbede-
ckung ist ein
Leichentuch,
das früher ein-
mal als Win-
del eines Neu-
geborenen
diente.*

*Schönheit, Ju-
gend, weltliche
und kirchliche
Macht sind
dem Tod
gleichgültig.
Er kommt zu
allen, wenn die
Zeit da ist.*

*Der Rabe galt
als Vorbote
des Todes.*

THEMA: *Wandel und Veränderung*

Ein Skelett reitet auf einem schwarzen Pferd (Schwarz ist die Farbe des Todes). In der einen Hand hält der Tod eine Sense, wie sie zum Einbringen der Ernte benutzt wird, in der anderen eine Sanduhr, die zeigt, dass alles seine Zeit hat, das Leben und das Sterben. Das Skelett trägt ein Tuch um den Kopf. Aus den Windeln des Neugeborenen wurde ein Leichentuch. Ein König liegt mit dem Gesicht auf dem Boden. Ein Bischof, eine Frau und ein Kind bitten um Gnade, doch dem Tod kann niemand entgehen.

Der Rabe als Vorbote des Todes und einige Mohnblumen, die Blumen des Todes, sind zu sehen. In der Ferne schlängelt sich ein Fluss, Symbol für den ewigen Kreislauf: Das Wasser verdunstet, und fällt als Regen in den Fluss zurück. Das kleine Boot stellt Wiege und Sarg, Leben und Tod dar, die untrennbar miteinander verbunden sind. Die Sonne geht auf, und auf die Nacht folgt ein neuer Tag.

Deutung

Aus naheliegenden Gründen wird diese Karte von vielen Menschen gefürchtet. Der Tod bedeutet zwar, dass etwas zu Ende geht, doch der körperliche Tod ist nicht gemeint. Die von dieser Karte verkörperten »Abschlüsse« sind vielfältig. Sie kündet zum Beispiel das Ende der Kindheit an oder das des Single-Daseins, wenn man heiratet, oder das Ende eines Arbeitsverhältnisses oder das einer Ehe.

Zu jedem Ende gehört auch ein neuer Anfang, wie die über dem Fluss, dem Symbol für Erneuerung und Wandel, aufgehende Sonne zeigt. Das Skelett offenbart, dass trotz des Wandels das Leben weitergeht: Das Fleisch mag sich verändern, die Knochen indes bleiben gleich. In jedem Herbst erleben wir den Tod, wenn die Blätter absterben und fallen, um Platz für die neuen Knospen im nächsten Frühling zu machen.

Der Tod kündigt an, dass etwas stirbt, um Platz für einen neuen Anfang zu machen. Das ist sowohl traurig als auch notwendig, sowohl unerwünscht als auch willkommen. Es ist ein Zeichen von Veränderung und Wandel.

DER TEUFEL

Der Teufel entflammt die niederen Triebe des Menschen.

Der Mann und die Frau sind selbst zu Kreaturen des Teufels mit Hörnern und Schwänzen geworden.

Der Teufel hält den Menschen mit dessen eigener Bequemlichkeit und Apathie gefangen.

Die Ketten sind lose, die Hände ungebunden, so dass sich das Paar jederzeit befreien könnte.

THEMA: *Beschnittene Macht und Energie*

Der Teufel ist ein merkwürdig aussehendes Geschöpf mit dem Unterkörper eines Ziegenbocks. Er trägt Hörner und Flügel, und sitzt auf einem Quader, dem Sinnbild der materiellen Welt. Ein nackter Mann und eine nackte Frau sind an den Block gekettet. Auch sie haben Hörner und einen Schwanz zum Zeichen ihrer teuflischen Gewohnheiten. Der Teufel hält eine Fackel an den Schwanz des Mannes, wie um zu zeigen, dass er ihn in Flammen setzen könnte. Die Ketten liegen nur lose um den Hals von Mann und Frau, und ihre Hände sind frei. Sie bleiben freiwillig, durch Unwissenheit, Apathie oder mangelndes Bewusstsein an den Teufel gekettet. In der Dunkelheit ist die Wahrheit nur schwer zu erkennen. Das Paar ist zu Füßen des Teufels zusammengesunken und macht offenbar keinen Versuch, die Ketten, die ihr Leben einschränken, zu sprengen.

Deutung

Diese Karte ruft Angst hervor, verheißt aber eigentlich Entspannung. Früher stand der Teufel unter anderem für das Übel der Sexualität, und man versuchte, sexuelles Verlangen zu unterdrücken. Doch wer etwas unterdrückt, verdrängt es ins Unterbewusstsein. Solange wir uns einer Sache bewusst sind, steht uns zumindest frei, wie wir damit umgehen sollen.

Der Teufel stellt die dunkle Seite unserer Psyche dar. Aber wir wollen lieber glauben, er residiere tief im Inneren der Erde, um uns nicht mit ihm auseinander setzen zu müssen. Dies führt jedoch dazu, dass wir in ständiger Angst vor ihm leben. Unsere Hemmungen fesseln uns an seinen Block, schränken uns ein, weil wir der Wahrheit über uns selbst nicht ins Gesicht sehen können.

Der Teufel gibt uns Gelegenheit, uns von den Fesseln unserer Angst zu befreien und positive Energien freizusetzen. Er erlaubt uns einen tiefen Blick unter die Oberfläche, damit wir erkennen, was tatsächlich in uns vorgeht. Wenn diese Karte auftaucht, können wir die Blockaden in unserer Psyche beseitigen, die eine gesunde Entwicklung verhindern. Große innere Fortschritte werden möglich.

DER TURM

Die Flammen stehen für das göttliche Feuer der Inspiration, das falsche Werte auslöscht.

Der herabfallende Mann und die Frau stehen für unvereinbarte Gegensätze.

Die schmalen Fenster sind Symbole der Enge eines rein materiell ausgerichteten Lebens.

THEMA: *Das Alte zerstören, um Platz für Neues zu schaffen*

Der hohe Turm ist vom wütenden Meer umgeben. Wellen krachen gegen sein Fundament, am dunklen Himmel sammeln sich Sturmwolken, und helle Blitze schlagen in die Turmspitze ein. Aus dem Dach schlagen die Flammen des göttlichen Feuers empor.

Der Turm ist die einzige Karte mit einem von Menschenhand geschaffenen Motiv. Es ist ein Bild für die äußeren Grenzen der inneren Entwicklung. Das hohe Gebäude hemmt Entwicklung und Wachstum. Der Blitz göttlicher Erleuchtung bringt es zum Bersten, damit unser Selbst nicht darin erstickt. Große Tropfen fallen vom Himmel, Symbole Leben spendender Inspiration und Erleuchtung. Die drei schmalen Fenster an der Spitze des Turms beziehen sich auf die Enge der materiellen und rationalen Welt, offenbaren aber gleichzeitig die Chance, Großes zu erreichen. Zwei Menschen, sie stehen für unvereinbare Gegensätze und Getrenntheit, fallen vom Turm herab: Es ist der Fall der Menschen, die durch mangelnde Kommunikation und Verständnis voneinander getrennt bleiben.

Deutung

Der Turm ist ein Bild notwendiger Zerstörung. Wir müssen unsere Werte ständig neu definieren, und um überkommene Wertvorstellungen zu verändern, brauchen wir Mut. Der göttliche Blitz, Wissen und Erleuchtung, kann eine Veränderung von außen oder in Ihnen selbst auslösen. Sie erkennen, dass Sie so nicht weitermachen können. Je besser Sie Ihr Innenleben kennen, desto weniger traumatisch werden die Auswirkungen der Zerstörung des Turms sein. Sie kann sogar willkommene Erlösung bringen, Illusionen zerstören und Werte aufzeigen, die Ihnen nichts mehr bedeuten.

Der Turm ermutigt uns, ehrlich mit uns selbst zu sein. Wir müssen das Gelernte und die Regeln, nach denen wir so lange gelebt haben, genau prüfen, um festzustellen, ob sie noch Gültigkeit haben. Der Turm inspiriert uns herauszufinden, welche Aspekte einer Veränderung bedürfen, um das Alte wegzuräumen und einen neuen Anfang zu machen.

DER STERN

Die acht Sterne stehen für die Acht, die Zahl der Wiedergeburt.

Der Ibis ist der Vogel der Unsterblichkeit.

Der Nadelbaum steht für die Unvergänglichkeit des Lebens.

Die nackte Frau ist ein Bild der unverhüllten Wahrheit.

Das Wasser verläuft in fünf Rinnsalen, sie symbolisieren die fünf Sinne.

Der Teich ist das Wasser der Erinnerung.

THEMA: *Hoffnung und Inspiration*

Eine schöne Frau kniet neben einem Teich. Sie ist nackt, wie die unverhüllte Wahrheit, und jung, ein Zeichen der Erneuerung. Den einen Fuß, er steht für die Zukunft, hält sie ins Wasser. Mit dem anderen kniet sie auf dem Land, er steht für die Vergangenheit. Die Frau stellt auch die Verbindung zwischen Bewusstsein und Unterbewusstsein dar. Der Teich ist unsere Erinnerung. Aus ihm müssen wir trinken, um uns der Dinge zu erinnern, die für uns das Leben lebenswert machen.

Die Jungfrau hat in jeder Hand einen Krug und gießt großzügig Wasser in den Teich, um ihn aufzufüllen, und auf den Boden, um dem Land neue Kraft zu geben. Das Wasser bildet fünf Rinnsale, symbolisch für die fünf Sinne. Im Hintergrund sitzt ein Ibis, der Vogel der Unsterblichkeit, in einem Nadelbaum, dem Symbol ewig währenden Lebens. Der Ibis verkörpert die Fähigkeit der Seele, sich über das emotionale und spirituelle Alltagsverständnis zu erheben. Ein neuer Tag bricht an. Am Morgenhimmel erscheint ein großer Stern, der von sieben kleinen Sternen umgeben ist, stellvertretend für die sieben Planeten der klassischen Astrologie. Alle haben acht Zacken, denn die Acht ist die Zahl der Auferstehung und der Wiedergeburt. In der Nähe wachsen weiße Rosen und Gänseblümchen, Zeichen der Unschuld und Reinheit. Ein Schmetterling, ebenfalls ein Auferstehungssymbol, fliegt vorbei.

Deutung

Der Stern war und ist ein Symbol der Hoffnung: Sein Licht wies Seeleuten den Weg und gab Astrologen himmlische Führung. Diese Karte steht in einer Legung für das Licht im Dunkel. Sie hilft uns, selbst in schweren Zeiten nicht zu verzagen. Wenn wir die Hoffnung verlieren, werden wir niedergeschlagen und möchten am liebsten aufgeben. Der Stern bringt Optimismus und Ermutigung, steht für die Träume und Ziele, nach denen wir streben. Er bringt Erneuerung, Inspiration und Energie, die das Leben lebenswert und Ziele erstrebenswert machen.

DER MOND

Die drei Gesichter des Mondes spiegeln die drei Phasen im Leben einer Frau.

Hund und Wolf heulen den Mond an. Sie stehen für die animalische Seite der Persönlichkeit.

Das Tierkreiszeichen Krebs wird vom Mond beherrscht und ist ein Wahrheitssymbol.

Am Wasser wachsen weiße Lilien und Rosen, die Blumen des Mondes.

Das Wasser ist das Wasser des Vergessens.

THEMA: *Wandel und Verwirrung*

In der oberen Bildmitte befindet sich ein großer Mond in seinen drei Phasen. Sie stehen für die drei Gesichter der Frau: Der Neumond für die Jungfrau, die ihr Potential noch nicht ausgeschöpft hat; der Vollmond für die Mutter, die ihr Potential erfüllt hat; der Halbmond steht für die alte Frau, deren Kräfte aufgezehrt sind. Hund und Wolf symbolisieren die unbewusste, „animalische" Seite der Persönlichkeit, die unter dem Einfluss des Mondes hervorbricht. Die Säulen zu beiden Seiten des Wassers stellen Bewusstsein und Unterbewusstsein dar. Der Pfad dazwischen, der goldene Mittelweg, führt dahin, wo sich die fernen Berge treffen. Das tiefe, ruhige Wasser des Vergessens befindet sich neben dem Wasser der Erinnerung, das auf der Karte „Der Stern" abgebildet ist. Wieder ist das Wasser ein Symbol für das Unbewusste, aber hier steht es für die Erfahrungen, die wir lieber vergessen möchten. Der Krebs ist das Tierkreiszeichen, das vom Mond beherrscht wird. Ein Krebs krabbelt aus dem Wasser und bringt Botschaften aus der Welt der Träume und dem Unterbewusstsein. Weiße Lilien und Rosen, die Blumen des Mondes, wachsen am Wasser.

Deutung

Der Mond herrscht über die Nacht, was ihn im Tarot zu einer ungewissen Karte macht. Er ist der Dunkelheit, dem Traum, dem Auf und Ab des Lebens und allen natürlichen Zyklen zugeordnet. In einer Legung kündet er eine Phase der Unsicherheit und Veränderung an. Unbeständige Gefühle sind seine Welt, also sind Stimmungsschwankungen zu erwarten. Nachts sieht alles sehr viel schlimmer aus. Träume sind nicht leicht zu deuten, doch wenn man sich die Mühe macht, kann es sich als sehr lohnend erweisen. Mit dem Mond in einer Legung darf man nichts als selbstverständlich hinnehmen, Entscheidungen nicht übereilen. Weil der Mond Verwirrung stiftet, kann die Versuchung groß sein, dieser Unsicherheit mit einer schnellen Entscheidung ein Ende zu setzen. Es wäre jedoch klüger, den Dingen ihren Lauf zu lassen und nichts zu erzwingen.

DIE SONNE

Der Himmel ist klar und blau. Er steht für Klarsicht.

Die geraden und gekrümmten Strahlen zeigen gute und schädliche Wirkungen der Sonne an.

Das Kind ist ein Zeichen neuen Lebens.

Sonnenblumen und Heliotrope sind Blumen der Sonne.

Orangen sind Sonnenfrüchte.

Die Lorbeerhecke macht die Notwendigkeit, Grenzen zu setzen, klar.

THEMA: *Freude, Optimismus und Klarsicht*

Ein Kind reitet auf einem weißen Pferd. Es ist in ein rotes Tuch gewickelt, der Farbe der Leidenschaft. Das Pferd ist das gleiche, auf dem zuvor der Tod geritten war, doch nun ist es weiß, zum Zeichen des Lebens. Das Kind ist ein Zeichen der Erneuerung, es reitet triumphierend durch einen

Garten mit Sonnenblumen, Helioptropen, Orangenbäumen. Strahlend steht die Sonne am Himmel. Die geraden und gekrümmten Strahlen enthüllen, dass ihr Einfluss sowohl gut als auch schädlich sein kann: Die Sonne kann Früchte reifen lassen und Weiden in Wüste verwandeln. Eine Lorbeerhecke, ein Erfolgssymbol, erinnert uns an die Notwendigkeit, Grenzen zu setzen. Nachdem die Dunkelheit vertrieben ist, können wir ein Problem nun unter blauem Himmel lösen. Das fröhliche Kind verkörpert diese neue Freiheit.

Deutung

Am Tag regiert die Sonne und bringt eine klare Sicht, Optimismus und positive Energie. Erinnern Sie sich an die Ängste und Sorgen, die Sie beim Licht des Mondes plagten? Stellen Sie sich vor, wie der Tag anbricht und die Sonne aufgeht. Spüren Sie, wie ihre Strahlen Sie wärmen und die Ängste vertreiben. Was im Dunkel der Nacht unmöglich schien, rückt plötzlich wieder in den Bereich des Möglichen. Das ist das Geschenk der Sonne.

Im Leben sind Grenzen vonnöten, deshalb brauchen Sonne und Mond einander. Zu viel Sonnenenergie kann erschöpfen, aber der Mond gibt uns Zeit, auszuruhen und uns zu erholen. Umgekehrt macht zu viel Dunkelheit depressiv. Wenn wir gleichviel Sonnen- und Mondenergie bekommen, ist ein gesundes Gleichgewicht erreicht.

Die Sonne bringt großen Enthusiasmus in jede Legung: Sie ist aktive Energie. Mit ihr scheint nichts mehr unmöglich, und selbst neben schwierigeren Karten durchdringt ihre fröhliche Energie die gesamte Deutung. Ihr Schwerpunkt liegt auf positivem Denken und Taten, und meist kündigt sie eine Zeit an, in der wir kraftvoll, gesund und guten Mutes sind.

DAS GERICHT

Die Posaune weckt die Menschen von den Toten auf.

Das rote Kreuz auf der weißen Fahne symbolisiert den Punkt, an dem die Gegensätze aufeinander treffen und ihre Versöhnung möglich wird.

Das Kind ist ein Sinnbild für das neue Selbst, zu dem wir uns in Kürze entwickeln werden.

Das Meer symbolisiert den Mutterschoß.

THEMA: *Auferstehung und Erlösung*

Drei Menschen erheben sich mit ausgestreckten Armen und dem Engel zugewandten Gesichtern aus ihren Gräbern – ein Mann, eine Frau und ein Kind. Sie sind nackt, so nackt, wie wir auf diese Welt gekommen sind. Das Kind kehrt uns den Rücken zu. Es ist das neue Selbst, zu dem wir

uns in Kürze entwickeln werden, das uns aber noch unbekannt ist. Die Gräber stehen für die Zeit zwischen Leben
und Tod, Tod und Wiedergeburt. Das Wasser symbolisiert
den Mutterschoß, der das neue Leben bis zur Geburt
schützt. Die freudig auferstehenden Menschen sind ein Bild
für den Augenblick der Geburt, die triumphale Erlösung aus
der Dunkelheit. In den Wolken schwebt ein in Weiß, der
Farbe spiritueller Reinheit, gekleideter Engel. Mit seiner Posaune ruft er die Toten zur Auferstehung, die Ungeborenen
ins Leben. Eine weiße Fahne mit rotem Kreuz ist an der Posaune befestigt. Weiß ist die Farbe des Lebens, rot die Farbe
der Entschlossenheit. Am Schnittpunkt des Kreuzes, dort,
wo alles, das zuvor getrennt war, eins wird, treffen auch die
Gegensätze aufeinander und werden miteinander versöhnt.

Deutung

Das Gericht ist die vorletzte Karte der Großen Arkana. Sie
ist die Summe dessen, was in den vorangegangenen Karten
erlebt und erreicht wurde. Das Gericht gilt als Karma-Kar-
te, denn sie kündet an, dass wir ernten werden, was wir gesät haben. Im Leben eines jeden gibt es Augenblicke, in denen er das direkte Ergebnis für seinen Umgang mit einem
Problem präsentiert bekommt. Manchmal ist er mehr,
manchmal weniger erfreut, wie sich die Dinge entwickelt
haben. In einer Legung weist diese Karte auf eine Zeit der
Selbstprüfung hin, in der wir unser Handeln betrachten
und beurteilen müssen. Das Ergebnis ist nicht endgültig,
sondern stellt einen Gipfelpunkt im Leben dar, an dem wir
Entscheidungen treffen und uns auf den nächsten Abschnitt vorbereiten müssen, ohne dabei die Vergangenheit
zu vergessen. Diese Karte legt nahe, dass eine Sache karmi-
scher Natur unsere Aufmerksamkeit verlangt.

DIE WELT

Der geflügelte Mensch steht für das Sternzeichen Wassermann.

Der Adler steht für das Sternzeichen Skorpion.

Die goldene Krone symbolisiert das Erreichte.

Der Lorbeerkranz ist ein Symbol für Erfolg.

Der geflügelte Stier steht für das gleichnamige Sternzeichen.

Der geflügelte Löwe steht für das Sternzeichen Löwe.

THEMA: *Ergebnisse, Erfolg, Vollendung*

Die Karte zeigt einen ovalen Lorbeerkranz, das Zeichen des Erfolgs, der mit einem roten Band, Symbol für das Erreichte, zusammengebunden ist. In der Mitte befindet sich die sonderbare Gestalt eines Tänzers. Bis auf den violetten Schal (Farbe der Weisheit), der die Genitalien bedeckt, ist er

nackt. Es handelt sich um einen Hermaphroditen. Die Welt
steht für Vollendung und Harmonie, und die Gestalt vereint
beide Geschlechter in einem. In den Ecken der Karte befinden sich die Symbole für die vier Elemente – Erde, Feuer,
Wasser und Luft, die gleichzeitig Sinnbilder der vier fixen
Tierkreiszeichen sind – Stier, Löwe, Skorpion und Wassermann. Zusammen ergeben sie ein perfektes fünftes Element,
die tanzende Figur in der Mitte, die in jeder Hand einen Stab
hält. Der schwarze und der weiße Stab betonen das im Tarot
immer wiederkehrende Prinzip der Dualität. Die goldene
Krone symbolisiert das Erreichte. Das Oval des Kranzes erinnert an die Ziffer Null, den Anfang und das Ende, und den
Schoß, aus dem alles Leben entspringt. Die Reihe der
Trumpfkarten gipfelt in dieser Vollendung. Die tanzende Figur wird dann wieder zum Fötus, der im Mutterleib darauf
wartet, als Narr wiedergeboren zu werden.

Deutung

Die Welt ist die letzte Karte der Großen Arkana und symbolisiert die Vollendung. Ist diese erreicht, beginnt die Reise von Neuem. Das ist der Lauf des Lebens. Wenn wir einen bestimmten Punkt erreicht haben, hört es nicht einfach
auf. Nach der Vollendung verspüren wir das Bedürfnis, die
nächste Sache in Angriff zu nehmen. Alles Neue ruft den
Narren auf den Plan, und jede neue Reise bringt unweigerlich auch die anderen Karten ins Spiel.

    Diese Karte zeigt an, dass der Moment der Vollendung
gekommen, das Ziel erreicht ist. Dies kann sich auf vielerlei Arten äußern: als Prüfung, Heirat oder Geburt eines
Kindes. Um welchen Lebensbereich es sich auch handelt –
auf den Triumph muss die Neuorientierung folgen, damit
wir zu einer neuen Reise aufbrechen können.

Beispieldeutung für die Großen Arkana

„Der Stern" wird ausschließlich mit Karten der Großen Arkana gelegt und bildet den zweiten Teil meiner strukturierten Deutung. Catherine, die wir bereits von der Beispieldeutung der Kleinen Arkana kennen (siehe Seite 136–140), setzt sich weiter mit ihrer Situation auseinander.

Catherine wollte ihre Wünsche und Bedürfnisse auf einer tieferen Ebene erforschen und herausfinden, wie sie mehr Erfüllung in ihrem Leben finden könnte, ohne die Beziehung zu ihrer Familie zu verschlechtern. Sollte sie sich weniger der Karriere und mehr der Familie widmen? Das warf die Frage auf, wie sich ein geringeres Einkommen auswirken würde. Zudem bezweifelte sie, dass ihr dieses Leben genügend geistigen Anreiz bieten würde und sie mit ihrer neuen gesellschaftlichen Stellung zufrieden wäre.

Aus den Karten der Großen Arkana wählte Catherine sieben aus, die ich wie folgt angeordnet habe:

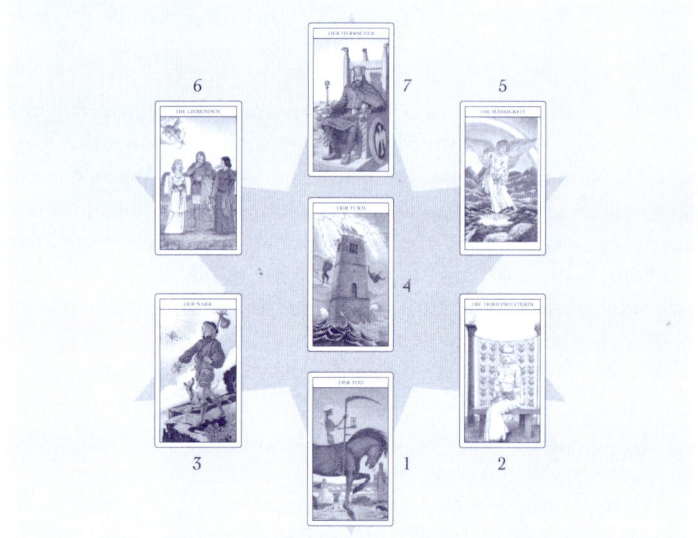

1. Die Wurzel: Der Tod

Die Wurzel ist der emotionale Ausgangspunkt der Deutung. Die Karte zeigt den Tod, der seinen Weg verfolgt, ohne die flehenden Menschen zu beachten. Sie sagt uns, dass Veränderungen geschehen, ob wir es wollen oder nicht. Der Tod greift die Zehn der Schwerter aus der ersten Deutung (*siehe Seite 159*) auf und zeigt Veränderungen in Catherine an.

Catherine hat erkannt, dass ihre Kinder langsam selbständig werden. Wenn eine Phase endet, wird der Weg frei für Neues. Catherine spürt, dass ihre nächste Etappe als Mutter weniger anstrengend sein wird. Gleichzeitig ist sie traurig, dass die kostbaren Babyjahre vorbei sind. Der Tod kennzeichnet eine Zeit des Wandels, und dieser Wandel stimmt Catherine sowohl optimistisch als auch nostalgisch.

2. Gefühle und Beziehungen: Die Hohepriesterin

Diese Karte ist ein vorsichtiger Hinweis auf brachliegende Talente. Catherine ist sich ihres Bedürfnisses nach Veränderung in ihren Beziehungen bewusst, doch sie will sie nicht gewaltsam herbeiführen. Die Hohepriesterin deckt sich offenbar mit der Sieben der Schwerter aus den Kleinen Arkana, die Catherines Wunsch, den richtigen Augenblick abzuwarten, offenbarte. Die Hohepriesterin ermutigt uns, nicht so sehr auf den Intellekt, sondern auf unsere Intuition zu hören. Das Unterbewusstsein enthüllt uns seine Geheimnisse erst dann, wenn wir bereit sind, sie zu verstehen.

3. Intellekt und Beruf: Der Narr

Der Narr drängt auf Veränderung und Abenteuer. An der Position von Intellekt und Beruf enthüllt diese Karte, dass Catherines Bedürfnis nach Veränderung im Beruf stärker ist als ihr Wunsch nach Veränderung in ihren Beziehungen, was von der Hohepriesterin symbolisiert wird. Die beiden Karten haben eine sehr unterschiedliche Wirkung: Der Narr ergreift Gelegenheiten, die Hohepriesterin fordert zu Besinnung auf. Ein Mittelweg muss gefunden werden.

4. Der Kern: Der Turm

Dass diese Karte gerade hier liegt, gibt ihr umso mehr Bedeutung: Sie signalisiert die Notwendigkeit, alte Strukturen einzureißen. Ignoriert man ihre Energie, kann es zu plötzlichen, heftigen Ausbrüchen kommen; arbeitet man damit, kann die Erfahrung reinigen und erfrischen. Der Turm drängt Catherine, ihre Pläne zu prüfen. Sie musste Altes loslassen, um Platz für Neues zu schaffen.

5. Unbewusster Einfluss: Die Mäßigkeit

Die Mäßigkeit ist eine friedvolle Karte. Der sanfte Engel steht für Gedankenaustausch, Kompromiss und Zusammenarbeit. In punkto Lebensgestaltung würden Catherine und ihr Mann einen Kompromiss finden müssen. Hier ist Mäßigkeit die ideale Karte, da sie für ehrliche Verständigung und Entgegenkommen steht. Vermutlich kann eine befriedigende Übereinkunft erzielt werden.

6. Bewusste Einflüsse und Wünsche: Die Liebenden

Die Liebenden mahnen uns zur Entscheidung. Catherine glaubt nicht, dass es hier um Menschen geht, sondern um die Entscheidung in punkto Familie. Die Liebenden verstärken die Sieben der Kelche aus der ersten Deutung, die eine Reihe von Möglichkeiten aufzeigt, denn sie engen die Wahl auf zwei Alternativen ein. Die Entscheidung wird wohl mit dem Herzen getroffen.

7. Die Krönung: Der Herrscher

Diese Karte zeigt das vorläufige Ergebnis und steht für Stabilität und Ehrgeiz. Der Herrscher strahlt große Kraft aus und regiert sein Königreich mit Zuversicht. Die Karte zeigt Catherine, dass sie eine praktische Lösung finden muss. Vorsichtige Überlegungen müssen die Energie des Narren ausgleichen. Der Herrscher kündigt an, dass die neue Karriere finanziell und gesellschaftlich lohnend sein würde. Vielleicht würde aber auch ein Mensch mit den Eigenschaften des Herrschers eine Rolle dabei spielen.

Beispieldeutung mit dem gesamten Kartendeck

*Z*um Abschluss der dreiteiligen Deutung verwenden wir das komplette Kartenspiel und legen aus fünf Karten ein Hufeisen. Dieses Legesystem fasst die vorausgegangenen beiden Deutungen zusammen und bildet ihren Höhepunkt. Ich habe festgestellt, dass ich ein sehr vollständiges Bild davon bekomme, was zu einem bestimmten Zeitpunkt im Leben eines Menschen vorgeht, wenn ich zuerst einen detaillierten Blick auf den Alltag werfe, dann psychologische oder spirituelle Aspekte unter die Lupe nehme und schließlich aus allen Karten eine Übersicht erstelle.

Zunächst haben wir die einzelnen Punkte untersucht, einen tieferen Einblick in Catherines persönliche Entwicklung gewonnen, und wissen auch schon mehr über die Wahl, die sie zu treffen hat. Nun war sie neugierig auf die Zusammenfassung. Sie war gespannt, ob Karten, die sie schon einmal gezogen hatte, erneut auftauchen würden. Häufig geben Karten, die für den Ratsuchenden wichtig sind, zum Schluss noch einmal eine Vorstellung.

Aus dem ganzen Spiel wählte Catherine fünf Karten, die ich zu folgendem Hufeisen legte:

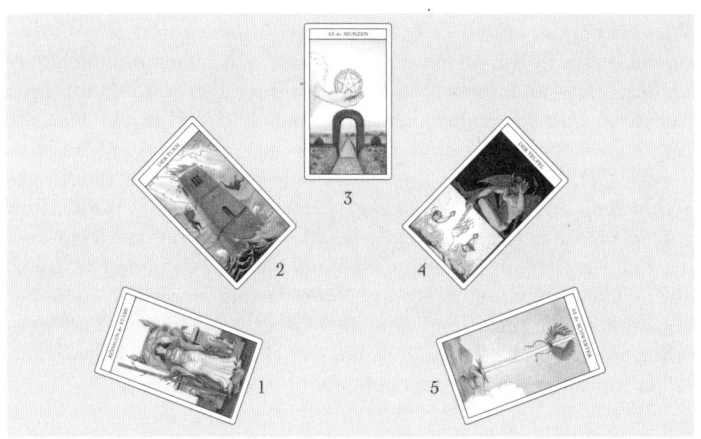

1. Die Ausgangssituation: Königin der Stäbe

Die Königin der Stäbe ist eine Person, die eine Reihe von Aufgaben erfolgreich erledigen kann. Diese Beschreibung trifft genau auf Catherine zu, denn sie hat zum einen im Haushalt die Zügel fest in der Hand, leitet aber gleichzeitig ihre eigene Firma. Oft hat sie das Gefühl, als würde sie mit den einzelnen Bereichen ihres Lebens jonglieren und müsse mehrere Bälle zugleich in der Luft halten. Der Königin der Stäbe gelingt das mit Kreativität, Fleiß und dem gezielten Einsatz ihrer Energie. Sie ist Realistin, kennt ihre Grenzen und kann ein gewisses Maß an Unvollkommenheit ertragen, statt immer das Optimum zu erwarten. Die Königin der Stäbe ist dem Element Feuer zugeordnet und verfügt über genügend Begeisterung und Optimismus, um auch schwierige Zeiten durchzustehen. Diese Karte zeigt, dass Catherine ihr Leben trotz des Gefühls der Frustration gut im Griff hat.

2. Die Erwartungen: Der Turm

Interessanterweise erscheint der Turm, die zentrale Karte aus der vorhergehenden Deutung, auch nun wieder. Das betont, welch große Bedeutung sie zu diesem Zeitpunkt in Catherines Leben hat. Wie wir bei der ersten Deutung gesehen haben, fühlte sich Catherine in ihrem Leben oft gefangen. Sie war sich sicher, dass sich daran nur etwas ändern würde, wenn sie ihr Leben und damit auch das ihrer Familie umkrempelte. In mancherlei Hinsicht war die Angst ihres Mannes, sich der Situation zu stellen, das größte Hindernis. Catherine wollte ihn weder aufregen noch die Beziehung gefährden, doch das Gefühl, eingesperrt zu sein, wurde stärker und würde bald das für sie erträgliche Maß überschreiten. Wenn das der Fall ist, wird ihr keine andere Wahl bleiben, als ohne Rücksicht auf mögliche Konsequenzen auf Veränderung zu drängen. Sie hat mit dem Turm gerechnet, hat ihn teils gefürchtet, teils herbeigesehnt, da er für Entspannung und ein ehrlicheres Verhältnis sich selbst und ihrem Mann gegenüber sorgen würde.

3. Das Unerwartete: As der Münzen

Das As der Münzen ist ein Hinweis auf einen materiellen Neubeginn. Offenbar kündigt sich eine finanzielle Veränderung an, die Catherine mehr Spielraum bei ihren Überlegungen gibt, welcher Weg der beste ist. Der Gedanke, ein Angebot könne ihre Finanzlage verbessern, muntert sie auf – besonders da sie dann ihr Leben grundlegend ändern könnte, ohne die Sicherheit der Familie zu gefährden. Die Karte könnte auch einem unerwarteten Stellenangebot oder dem für die Expansion der Firma nötigen Geld vorausgehen.

4. Die unmittelbare Zukunft: Der Teufel

Der Teufel ist eine Karte, die große Aufmerksamkeit verlangt. An dieser Stelle scheint er Catherine dazu aufzufordern, ernsthaft über ihre Bedürfnisse und Motive nachzudenken, um zu verstehen, woher ihr Wunsch nach Veränderung kommt. Der Teufel zwingt uns, ehrlich mit uns selbst zu sein, und wenn wir ihn ignorieren, kann er uns das Leben schwer machen. Wenn er in einer Legung auftaucht, ist es besser, sich seiner dunklen Welt zu stellen. Danach wird es in unserem Leben sehr viel besser laufen. Wir gehen schwierigen Problemen gerne aus dem Weg, doch wenn wir gezwungen werden, uns ihnen zu stellen und uns mutig mit ihnen auseinander zu setzen, fühlen wir uns hinterher meist wohler. Der Prozess setzt viel Energie frei, die wir andernfalls unterdrückt hätten.

5. Die langfristige Zukunft: As der Schwerter

Das As der Schwerter bringt einen Neubeginn und umwälzende Veränderungen. Das wirkt anfangs vielleicht störend, ist jedoch für einen Fortschritt nötig. Catherine freut sich über die beiden Asse. Für sie verheißen sie Veränderung, sowohl im finanziellen Bereich als auch ganz allgemein in ihrem Leben. Das As der Schwerter ist eine mächtige Karte, und nachdem man sich den Herausforderungen mutig gestellt hat, geht alles gut aus. Catherines Neuanfang mag nicht sehr viel versprechend aussehen, doch letzten Endes wird sich der neue Weg als höchst zufriedenstellend erweisen.

Danksagung

Mein besonderer Dank gilt Ian, Elaine, Liz, Jane und Barbara
für ihre harte Arbeit und ihre guten Ideen –
und Giovanni für die wundervollen Karten.

Juliet Sharman-Burke ist praktizierende Psychotherapeutin.
Seit mehr als zwanzig Jahren arbeitet sie mit Tarot und
Astrologie, seit 1983 gibt sie Kurse in beiden Fächern.
Sie hat bereits mehrere Bücher zum Thema Tarot veröffentlicht,
darunter *The Complete Book of Tarot*, *The Mythic Tarot Workbook*,
Understanding the Tarot und *Mastering the Tarot*. Zusammen mit
Liz Greene schrieb sie die Bestseller *Das Delphische Tarot*
und *The Mythic Journey*.

Giovanni Caselli arbeitet als Illustrator. Seine Leidenschaft
gilt der Antike, ihrer Literatur, Kunst, Symbolik und Mythologie.
Er verfügt über umfassendes geschichtliches und
archäologisches Wissen und ist dadurch bei seinen Illustrationen
in der Lage, die Vergangenheit bis ins kleinste Detail
originalgetreu abzubilden. Seine charakteristischen kolorierten
Federzeichnungen sind ideal für den Tarot, wo Farben
und Details symbolische Bedeutung haben.

EDDISON • SADD EDITIONS
Editorial Director Ian Jackson
Commissioning Editor Liz Wheeler
Copy Editor Jane Laing
Editor Nicola Hodgson
Proofreader Michele Turney
Art Director Elaine Partington
Mac Designer Brazzle Atkins
Production Karyn Claridge and Charles James